750 Jahre SEELOW

Vier Kapitel Stadtgeschichte zum Jubiläum 2002

Kreisstadt
Seelow
Landkreis
Märkisch-Oderland

750 Jahre SEELOW

Vier Kapitel Stadtgeschichte zum Jubiläum 2002

Gerhard Porath, Michael Schimmel, Reinhard Schmook, Klaus Vetter

Herausgegeben von der Stadtverwaltung Seelow

Findling Buch- und Zeitschriftenverlag • Neuenhagen

Die Deutsche Bibliothek – CIP-Einheitsaufnahme

Seelow:
750 Jahre Seelow: vier Kapitel Stadtgeschichte zum Jubiläum 2002/Hrsg. Stadtverwaltung Seelow.
Gerhard Porath ... – Neuenhagen: Findling, 2002
ISBN 3-933603-18-8

Buch- und Zeitschriftenverlag
Prust & Bärisch
Finkensteg 2
15366 Neuenhagen
Fon: 0 33 42/ 20 11 02
Fax.: 0 33 42 / 2 18 59
www.findling-verlag.de
info@findling-verlag.de

Herausgeber:
Stadtverwaltung Seelow

Gesetzt aus der Garamond

ISBN 3-933603-18-8

Inhalt

Zum Geleit

Liebe Seelowerinnen und Seelower,
liebe Gäste und Besucher,
liebe Leserinnen und Leser,

Ende Juni 2002 feiern wir die 750. Wiederkehr der Ersterwähnung Seelows, das 1252 noch ein Dorf war. Die Stadtentwicklung vollzog sich stets in ruhigen Bahnen und hat nichts Spektakuläres an sich. Dennoch ist Seelow genau so alt wie seine Nachbarstädte und hat unverwechselbar typische Eigenheiten herausgebildet, von denen in dieser Jubiläumsschrift zu lesen ist. Vier Autoren aus unserer Heimat, allesamt Kenner der Regionalgeschichte, machen Sie auf den folgenden Seiten mit den wichtigen Ereignissen der Stadtgeschichte bekannt.
Erstmals wird auch das neue Stadtwappen vorgestellt, das die Stadt auf Grund eines Stadtverordnetenbeschlusses von diesem Jubiläum an führen wird. Es trägt in seiner Symbolik besonders den Zeiten der Stadtwerdung Rechnung, als sich das städtische Leben unter der Herrschaft der Lebuser Bischöfe gestaltete. Dieses neue Wappen mit den historischen Symbolen gibt Seelow ein Stück seiner Identität zurück, die es einst als bischöfliche Mediatstadt gewann. Gerade diese Zeit wirkte prägend auf das äußere Erscheinungsbild und das Leben und Treiben in dem kleinen Ackerbürgerstädtchen im Lande Lebus. Trotz aller Veränderungen in den letzten Jahrzehnten finden sich im Stadtbild noch allerlei Spuren jener Vergangenheit.

1863 war es mit vereinten Kräften und dem persönlichen Einsatz des damaligen Bürgermeisters Hoffmann gelungen, das Landratsamt des Kreises Lebus nach Seelow zu verlegen. Davon profitiert Seelow bis heute und ist nun schon seit fast 140 Jahren Kreisstadt.

Udo Schulz
Bürgermeister der Kreisstadt Seelow
im Jahr 2002

Das gravierendste Ereignis in der gesamten Stadtgeschichte war die Erstürmung der Seelower Höhen durch die Rote Armee vom 16. bis 18. April 1945. Dieser blutige und opferreiche Auftakt der Schlacht um Berlin machte den Namen der Stadt mit einem Schlage weltbekannt. Danach sah es schlimm in Seelow aus. Nur zögerlich begann der Wiederaufbau und auch danach wirkte die Stadt grau und gesichtslos.

In den letzten zehn Jahren dagegen ist das Stadtbild sehr viel freundlicher geworden. Der Blick vom neu errichteten Kirchturm unserer Stadtkirche fällt auf neue Häuser, restaurierte Fassaden und eine modernisierte Stadtstruktur. Von hier oben kann man bei guter Sicht weit in das Oderbruch hineinschauen, auf dessem hohen westlichen Rand unser altes Städtchen wieder neu erstanden ist.

Allen, die beim Zustandekommen dieser Jubiläumsschrift mitgewirkt haben, gilt mein herzlicher Dank. Ihnen, liebe Leser, wünsche ich viel Freude bei der Lektüre und bei der Begegnung mit unserer Stadtgeschichte, die manch Überraschendes zu bieten hat.

Udo Schulz
Bürgermeister

Nördlich grenzen weite Felder an die Stadt, die in diese Richtung durch den Bau von Eigenheimen erheblich gewachsen ist (Foto S. 9)

In der ersten Hälfte des 13. Jahrhunderts, zu jener Zeit, wo die schlesischen Herzöge im Lande Lebus besonders mächtig waren, entstand in fruchtbarer Gegend Seelow als Dorf, das von der ältesten Zeit eine selbständige Pfarrkirche besaß und mit 60 Hufen, entsprechend dem Umfang der größeren Dörfer des Landes Lebus, ausgestattet war. 1252 wird das Dorf, »villa Zelou«, als Gut der Kirche von Lebus, »bonum ecclesie Lubusane«, erwähnt. Von Anfang an tritt Seelow in engster Verbindung mit den Bischöfen von Lebus auf. 1278 verpflichtete sich Bischof Wilhelm, wie aus einer im Magdeburger Archiv aufbewahrten Urkunde hervorgeht, seinen befestigten Ort Seelow, »opidum Selowe«, ohne Einwilligung der Magdeburgischen Kirche nicht zu veräußern. Auch in den Urkunden von 1308 und 1317 wird das Städtchen, das den Mittelpunkt eines kirchlichen Bezirks bildete, erwähnt. In einer Urkunde von 1358 bekundete Bischof Heinrich einen Streit zwischen dem Abt von Sagan und dem Schulzen von Rosenthal, Peter von Beerenfelde, »in unserem Hause zu Seelow«, »in domo nostra in Zelow«, geschlichtet zu haben.

Kunstdenkmäler des Kreises Lebus, Berlin 1909, S. 259 f.

Reinhard Schmook

Betrachtungen zum neuen Stadtwappen

Im Vorfeld des Stadtjubiläums setzte schon sehr zeitig eine intensive Diskussion darüber ein, welches Stadtwappen man in Seelow künftig führen wolle. Den Ausschüssen der Stadtverordnetenversammlung lagen verschiedene Entwürfe vor und es wurde der fachliche Rat von Archivaren, Historikern und Heraldikern herangezogen.

Zunächst ging es nur darum, ob das Wappenschild statt rot wieder blau eingefärbt sein soll, wie es bis Ende der 1970er Jahre der Fall war. Im Verlauf dieser Diskussion setzte sich dann allmählich die Meinung durch, dass korrigierende Änderungen in der Wappendarstellung mit einem Bekenntnis zu den historischen Wurzeln einher gehen sollen.

Im September 2001 beschloss daraufhin die Stadtverordnetenversammlung mit knapper Mehrheit, dass die Verwaltung die Erarbeitung eines den historischen Überlieferungen folgenden neuen Wappens in Auftrag gibt.

Die gekreuzten Gegenstände, welche auf alten Seelower Stadtsiegeln stets in gleicher Form wiederkehren, sind früher fälschlich als Mähhaken oder Dreschflegel gedeutet worden. Vor nicht einmal 150 Jahren sind aus ihnen Sensen geworden, die man mit der Hauptbeschäftigung der Seelower Bürger, dem Ackerbau, in Zusammenhang brachte.

Diese Deutung ist rein spekulativ, denn auf den Wappen anderer Städte im Lande Lebus, deren Bürger lange Zeit hindurch ebenso vom Ackerbau lebten, finden sich weder Sensen noch andere Symbole landwirtschaftlicher Tätigkeit.

Ältestes Lebuser Bistumswappen

Wappenbild des Lebuser Bischofs Dietrich von Bülow, 1509, mit Widmung

Ältestes bekanntes Siegel mit Stadtwappen an einem Bürgschaftsschreiben des Rates zu Seelow an den Rat zu Müncheberg vom 7. Mai 1429

Stadtsiegel von 1556 mit der Unterschrift »+ SIGILLUM • SELOVIENSIS • URBIS«

Bei den letztlich zu Sensen mutierten Geräten im Seelower Stadtwappen haben wir es vielmehr mit den gekreuzten Bootshaken im Wappen des Bistums Lebus zu tun, dem das Städtchen Seelow in den ersten dreihundert Jahren nach seiner Gründung gehörte. Der Bischof von Lebus war der Grund- und Gerichtsherr über die Stadt und blieb es bis zur Auflösung des Bistums im Zuge der Reformation. Bei der Verleihung des Stadtrechts, die nur mit Genehmigung des bischöflichen Grundherrn geschehen konnte, sollte die Beziehung zwischen diesem und seinen Untertanen durch die Aufnahme seiner Wappensymbole in das Stadtsiegel zum Ausdruck gebracht werden. So ist es auch bei vielen anderen Mediatstädten geschehen, die nicht unmittelbar dem Landesherren unterstanden.

Genau das belegt ein im Zweiten Weltkrieg vernichtetes Seelower Stadtsiegel an einer Urkunde aus dem Jahre 1429. Es zeigt die Heiligenattribute der beiden Patrone des Lebuser Domstifts: zum einen zwei gekreuzte Bootshaken als Märtyrerwerkzeuge und das Kreuz des heiligen Adalberts von Prag, zum anderen Halbmond und Stern für die Gottesmutter Maria. Der Heilige Adalbert wurde 997 als Missionar im Pruzzenland (späteres Ostpreußen) von heidnischen Fischern mit den besagten Bootshaken erschlagen, als er sie zum Christentum bekehren wollte. Seine sterblichen Überreste liegen im Dom zu Gnesen (Gniezno) begraben.

Im oberen Winkel zwischen den Bootshaken steht eine Bischofsmütze in alter Form, wie sie in Miniaturen und Plastiken des 12. und 13. Jahrhunderts oft dargestellt wird. Auch zwei Hohlpfennige aus der Lebuser Münzstätte zeigen die Bischofsmütze in der primitiven Darstellung des Seelower Siegels. Möglicherweise hat die Darstellung auf den Münzen dem Siegelstecher als Vorbild gedient. Diese Bischofsmütze wurde später in eine Krone umgedeutet und auch so dargestellt. Aus derselben Unkenntnis heraus haben sich die Bootshaken zuerst in Dreschflegel und dann in Sensen verwandelt. Dieser Vorgang ist ein beredtes Zeugnis dafür, wie nach der

Reformation die Bezüge zur katholischen Heiligenverehrung in unserer Heimat allmählich verloren gingen.

Am 18. Dezember 2001 hatten sich die Stadtverordneten für einen von sieben Entwürfen zu einem neuen Stadtwappen mit historischer Symbolik zu entscheiden. In geheimer Abstimmung entschieden sich 11 der 17 Abgeordneten für die Variante 3 der Wappenentwürfe und bei Flagge und Banner für den Entwurf 4 b. Kurze Zeit später hat das Innenministerium dieses Wappen genehmigt, so dass sich von nun an ein Teil der historischen Identität der alten Ackerbürger- und Kreisstadt auch wieder in der Symbolik ihres Wappens widerspiegelt.

Die Beschreibung eines Wappen heißt in der Heraldik (Wappenkunde) Blasonierung. Unter Verwendung heraldischer Fachausdrücke wird sie stets kurz und knapp formuliert. Alles Selbstverständliche oder häufig Vorkommende wird dabei weggelassen. Die Blasonierung für das neue Seelower Stadtwappen lautet demnach:

In Blau zwei schräggekreuzte goldene Bootshaken; in den Winkeln: oben eine goldene Mitra, vorne ein aufgehender silberner Halbmond, hinten ein gekerbtes silbernes Tatzenkreuz und unten ein goldener Stern.

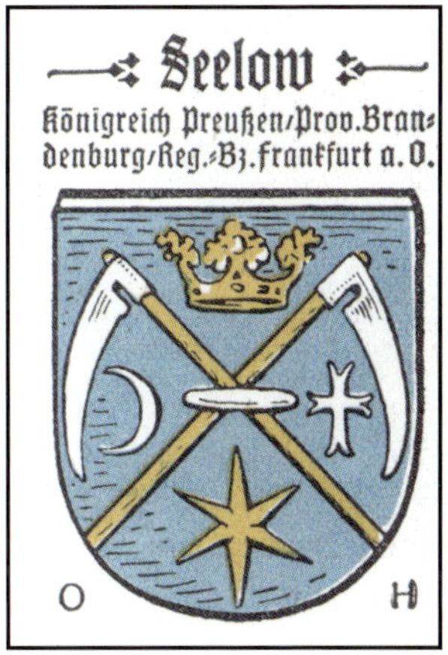

Abbildungen von links nach rechts:

Stadtsiegel von 1576 mit Bischofsmütze

Stadtverordnetensiegel nach dem Vorbild des alten Stempels von 1556 aus dem Jahre 1809

Sammelbild mit Seelower Stadtwappen aus der Sammlung Otto Hupp, Ende 19. Jh.

Historisch korrekter Wappenentwurf von dem Regionalhistoriker Georg Mirow, Müncheberg, aus dem Jahre 1938

Das neue Stadtwappen und seine Präsentation auf Flagge und Banner

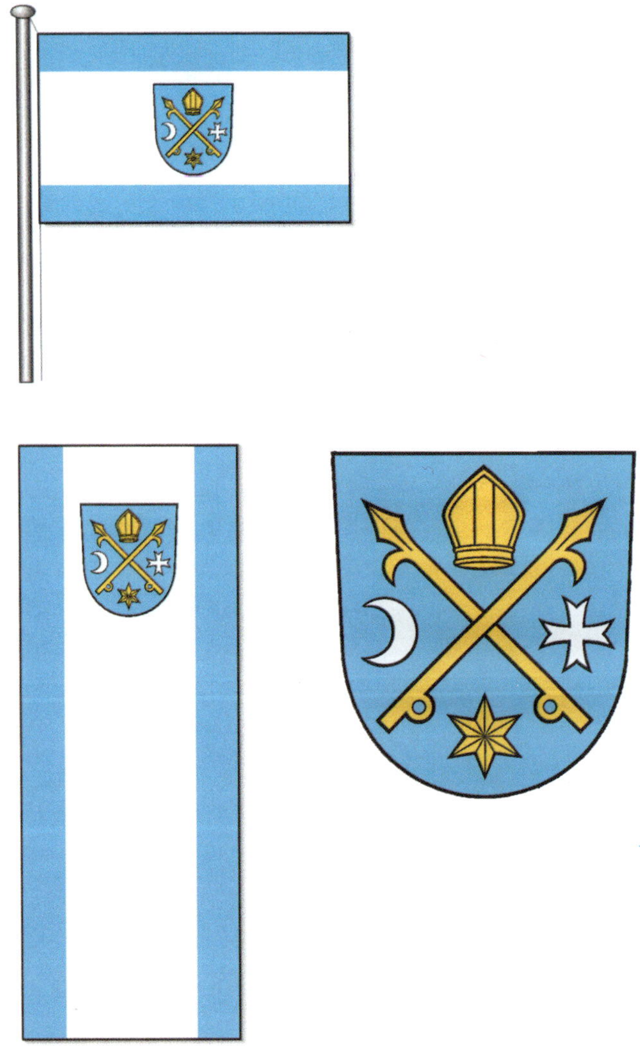

Lebuser Landschaft bei Seelow
(Foto S. 15)

Seelow liegt auf der Grenze des Oderbruchs, und lehnt sich auf der einen Seite an eine Berghöhe an, auf der andern hat es Bruchebene; 8 ½ Meilen von Berlin, auf der Straße von Berlin nach Cüstrin.
Der Ort ist offen und hat weder Mauern noch Thore, wenn man anders die 2 Hauptausfahrten nach Berlin und Cüstrin nicht Thore nennen will.
Zwischen diesen beiden Thoren gehet eine lange und gerade Hauptstraße in gerader Richtung durch die Stadt. Die übrigen sind nur Nebengassen.
Die größtenteils aus Holz bestehenden Häuser sind mit Stroh gedeckt. Nur 10 Häuser in der Stadt sind aus massivem Bauwerk hergestellt.
Die Einwohnerzahl wuchs in der Zeit von 1730 bis 1801 von 972 auf 1.430.
Der Acker der Stadt ist sehr fruchtbar und gut, da sie einen großen Antheil Bruchland besitzt.
Bei dem reichlichen Heugewinn und der guten Weide im Oderbruche giebt die Viehzucht den bedeutendsten Nahrungszweig für die Stadt ab.
Seelow hat jährlich 3 Kram-, Vieh- und Pferdemärkte. Die Viehmärkte gehören zu den bedeutendsten in der Kurmark.

Nach F. W. A. Bratring, Statistisch-topographische Beschreibung der Mark Brandenburg, Berlin 1805, S. 294 f.

Gerhard Porath

Die Besiedlung der Seelower Gemarkung in ur- und frühgeschichtlicher Zeit

Mindestens 5.000 Jahre reicht die Besiedlungsgeschichte in den Stadt- und Feldfluren von Seelow und Zernickow zurück. Die ersten Hinweise auf prähistorische Funde in der Seelower Umgebung tauchen bei J. Ch. Bekmann (1641–1711) auf: »Zu den Altertümern gehören die Todtentöpfe, welche auf der Gusowschen Grenze anzutreffen, auch auf S. Exz. des Herrn G. von Podewills Veranlassung verschiedene ausgegraben wurden.«(4) 1862 gelangte ein größerer Depotfund, bestehend aus Bronzebruchstücken und Kupfergussteilen, ohne Angabe der genauen Fundstelle in Teilen jeweils nach Frankfurt und nach Müncheberg.

Die ersten wissenschaftlichen Ausgrabungen in Seelow wurden von Franz Kuchenbuch (1812–1896) geleitet.(20) 1865 gründete der Müncheberger Amtsgerichtsrat zusammen mit dem Apotheker Hermann Ahrendts dort den Verein für Heimatkunde Münchebergs und Umgegend sowie das erste brandenburgische Heimatmuseum, welches 1910 in »Lebuser Kreismuseum« umbenannt und leider 1945 weitgehend zerstört wurde.

Nahe der Dochowschen Brauerei, der heutigen Käserei, fand man zahlreiche Gefäße, Knochen und Metallgegenstände, unter denen eine Tierfigur in Eidechsenform einiges Aufsehen erregte. Die Begutachtung der Funde erfolgte durch Prof. Rudolf Virchow (1821–1902), dem schon damals sehr berühmten Arzt und Prähistoriker. 1875 wurde der Fundbericht veröffentlicht.(8) Beim Bahnbau Frankfurt–Wriezen (1876 fertig gestellt) kamen noch zahlreiche weitere Fundstellen hinzu.

Der Seelower Kaufmann Karstedt grub in jenen Jahren ebenfalls erfolgreich nach Altertümern in seinem Garten und fasste die Funde 1878 in seinen »Beiträgen zu einer Chronik der Stadt Seelow« zusammen. Dabei fand ein »bearbeitetes Auerochsenhorn« scin ganz besonderes Interesse. Karstcdts Fundberichte wurden von dem Letschiner Heimatforscher G. R. Wirth 1935 in der Zeitung für das Oderbruch[30] wiederholt, wobei dieser die Knochenfunde auf Mammut, Auerochse und Bison erweiterte. Knochen von Großsäugern der Weichseleiszeit wurden sekundär in den Talsanden am Rande des Oderbruchs zusammengeschwemmt. In der Kiesgrube von Gusow fanden sich beeindruckende Knochenreste von Urrind, Riesenhirsch, Rentier, Wollhaarnashorn und Mammut.[21]

1911 wurde Georg Mirow (1880–1554), ein weiterer Pionier der Heimatgeschichte, Kustos des Lebuser Kreismuseums. Am 28. 12. 1937 ernannte man ihn zum Staatlichen Bezirkspfleger für kulturgeschichtliche Bodenaltertümer und in den letzten Kriegsjahren war er Leitungsmitglied des Landesamtes für Vor- und Frühgeschichte in Potsdam. In seinen zahlreichen Veröffentlichungen werden auch die Seelower Funde beschrieben.[14]

Der Seelower Kantor Theodor Arndt[1] schrieb 1914 Seelow einen Wall- und Stadtgraben zu, analysierte die Namensdeutung des slawischen Ortsnamen »Seelow» und bemerkte: »Die unsichtbaren Bodenaltertümer werden meist durch Erdarbeiten erkannt.« Außerdem galt er als Spezialist für unterirdische Gänge, die nach seiner Meinung das Seelower Stadtgebiet durchzogen. Seine Deutungen stadtgeschichtlicher Überlieferungen trugen oft spekulativen Charakter.

Justizrat Thiele, ein weiterer Heimatforscher, der sich mit der Ur- und Frühgeschichte Seelows beschäftigte, besaß eine leider verschollene umfangreiche archäologische Privatsammlung.

Zu Ehren der Hundertjahrfeier der Befreiungskriege fand erstmals vom 26. April bis 4. Mai 1913 eine Ausstellung heimischer Bodenfunde in Seelow statt, veranstaltet von den »Freunden des Vereins für Heimatkunde des Kreises Lebus in Müncheberg, Ortsgruppe Seelow«.

Ein dauerndes Domizil hatte in Seelow die »Sammlung vaterländischer Kriegsandenken« des Kreiskriegerverbandes. Durch Vertrag[15] wurde dann aber im Jahre 1913 die Sammlung der Kriegsandenken dem Lebuser Heimatmuseum angegliedert. Die Sammelgebiete wurden neu geordnet, aber ihre Selbständigkeit und der Aufbewahrungsort blieben bestehen.

Drei Seiten mit prähistorischen Funden aus Seelow stellte Prof. Götze[8] in seinem Kreisinventar für Lebus und die Stadt Frankfurt (Oder) bis zum Jahr 1920 zusammen.

O. Doppelfeld[6] beschrieb 1931 die kaiserzeitlichen Grabfunde von Zernickow. M. Jahn[11] nahm 1938 den hier gefundenen Metallschmuck als Beweis eines Kulturaustausches zwischen den hier ansässigen und den rheinischen Burgunden.

In den 1960er Jahren stellten Studenten der Humboldt-Universität Berlin ein archäologisches Kreisinventar zusammen: für die Stein- und Bronzezeit V. Geupel, für die germanische Zeit 1975 A. Leube.[12]

Unter Leitung des damaligen Bezirksbodendenkmalpflegers S. Griesa wurde mit Hilfe der Seelower Bevölkerung 1968–69 die größte Grabungskampagne durchgeführt. Auf einer Fläche von ca. 900 m^2 wurden am neuen Rinderkombinat an der Straße nach Werbig über 100 Grabkomplexe der eisenzeitlichen »Göritzer Kultur« geborgen.[10] Besondere Funde waren eine Lanzenspitze und ein Pferdegeschirr aus Eisen.[9]

Durch die Aufmerksamkeit des Herrn Marquard aus Seelow konnte ungefähr am Fuß der Gedenkstätte ein germanisch-slawisches Siedlungsareal festgestellt werden, das von Größe und Inhalt siedlungsgeschichtlich sehr bedeutungsvoll ist. Mit Wirkung vom 30. 04. 1990 wird dieser Fundplatz unter Nr. 1098 als geschütztes Bodendenkmal geführt.

Bei der Abfuhr von Muttererde am neuen Klärwerk meldete Herr Schaller aus Werbig 1985 das Auffinden von zahlreichen Tonscherben. Die ersten Rettungsarbeiten führten der damalige Bezirksbodendenkmalpfleger R. Schulz, der Verfasser und die AG »Junge Archäologen Seelow« unter Leitung der Lehrerin Frau Kotras durch. Eine exakte Grabung erfolgte 1992 durch W. Schmiederer.(25)

Aus der Slawenzeit sind die Funde bis 1979 im »Corpus archäologischer Quellen zur Frühgeschichte«(24) zusammengefasst. Mit den slawischen Ortsnamen von Seelow und Zernickow setzte sich Cornelia Willich 1982 kritisch auseinander.(28)

Für Geschichtserklärungen der einfachen Leute stehen die Sagen. Ihr Inhalt muss nicht bewiesen werden und ihre Faszination entsteht durch die regionale Verbundenheit. So ist es auch bei der Sage von der weißen Taube zu Buckow. Sinngemäß ergibt sich aus dem Inhalt, dass sich die Rettung eines verwundeten, deutschen Ritters verzögerte, da in Seelow erst ein Slawenaufstand bekämpft werden musste. Dank der Hilfe des Halbwenden Zernickow und seiner schönen Tochter Hedwiga geht aber alles gut aus.

Archäologische Denkmalpflege ist eine staatliche Aufgabe.(7) Ihr Anliegen konnte Dank der guten Zusammenarbeit zwischen interessierten Bürgern, ehrenamtlichen Bodendenkmalpflegern und Facharchäologen ständig verbessert werden. Allerdings erschwerte das Fehlen eines Stadt- und Kreismuseums eine dauernde Präsentation der Seelower Funde. Vorträge über die Geschichte Seelows und eine Fundausstellung im Jahre 1977 verstärkten den Wunsch nach einem eigenen Museum (17). Vorgesehen hierfür war das obere Stockwerk des Verwaltungsgebäudes der Gedenkstätte. Später war dann der Umbau des Gebäudes der Einkaufs- und Liefergenossenschaft Bäcker (Alte Dampfbäckerei) vorgesehen. Zwei große Findlinge mit Bearbeitungsspuren aus dem Gusower Torfstich sollten den Eingang zieren.

In der Ur- und Frühgeschichtsforschung kann man nur eine Zwischenbilanz ziehen, einen Schlussstrich gibt es nicht. Das »Archiv im Boden« wird uns auch in Seelow noch viel mitzuteilen haben!

Abfolge der Besiedlungsperioden:

Altsteinzeit (Paläolithikum) 150000–8000 v. Chr.

Eine Besiedlung ist bisher für den Seelower Raum nicht nachgewiesen. Knochen von Großsäugern, sie lebten hier um 40000 v. Chr., wurden am Oderbruchrand gefunden.

Jüngere Steinzeit (Neolithikum) 3500–1600 v. Chr.

Sie war eine Periode der Neuerungen. Von der Jagd- und Sammelwirtschaft ging man zu Ackerbau und Viehhaltung über. Nach ihren Gefäßformen teilt man sie in folgende Kulturen ein:

Bandkeramik	um 3500 v. Chr.
Trichterbecherkultur	3200–1900 v. Chr.
Kugelamphorenkultur	2500–2000 v. Chr.
Oderschnurkeramik	2000–1600 v. Chr.

Eine Zuordnung der Seelower Funde zu einer bestimmten Kultur ist schwierig, da es sich nur um Einzelfunde handelt. Die Besiedlung des Seelower Raumes zu jener Zeit ist aber wahrscheinlich. Götze registrierte 1920 für Seelow zwei Feuersteinbeile, einen Steinhammer und ein Bruchstück eines Steinbeiles. 1982 fand W. Thiele ein Steinbeil in der Clara-Zetkin-Straße (Küstriner Str.). Gunther Henschke sicherte 1983 am Pumpenhausschlag des Schweizerhauses ein Steinbeil und einen gelochten Netzsenker.

Bronzezeit 1700–600 v. Chr.

Die ökonomische Basis bildeten weiterhin Landwirtschaft, Jagd und Fischfang. Durch die Verwendung von Metallen (Kupfer, Bronze, Eisen) für Werkzeuge, Schmuck und Waffen setzte ein gewaltiger Aufschwung ein. Aus der so genannten Aunjetitzer Kultur in der ältesten Phase der Bronzezeit konnte hier noch kein archäologischer Fund gesichert werden.

Von 1400 bis 600 v. Chr. siedelten hier die Träger der so genannten Lausitzer Kultur. Der bereits erwähnte Depotfund aus dem Jahr 1862 wurde von Mirow[(14)] als Nachweis für eine Vor-Ort-Verarbeitung gewertet. Eine weitere Fundstelle lag in der Nähe des Bahnhofes. Dort fanden sich als Einzelfunde zwei Gewandnadeln. Sehr interessante Erkenntnisse brachte eine Siedlung aus der Spätbronzezeit (700–550 v. Chr.) am Klärwerk, die 1992[(25)] wissenschaftlich untersucht wurde.

Aus dem großen Einzugsgebiet der Lausitzer Kultur entwickelten sich eigenständige Gruppen: bei uns in der späten Bronzezeit die Aurither Gruppe. In dieser Zeit entstanden die ersten urgeschichtlichen Burganlagen, wie z. B. Lebus. Die Besiedlungsdichte nahm zu. Aus der vorangegangenen Kultur entwickelte sich in unserem Raum die so genannte Göritzer Kultur. Man erkennt sie gut an der typischen Keramik. Ihre Toten wurden verbrannt, die Überreste in Urnen mit Beigaben bestattet. Es kam zur Herausbildung von politischen und kultischen Zentren.

Frühe Eisenzeit (Göritzer Gruppe) ca. 600–350 v. Chr.

Insgesamt gibt es im Seelower Raum 15 Fundplätze aus dieser Zeit. Eine Mehrfachsiedlung besonders im Bereich der Kläranlage und in Richtung des ehemaligen Vorwerks Hermannshof ist wahrscheinlich. In den letzten

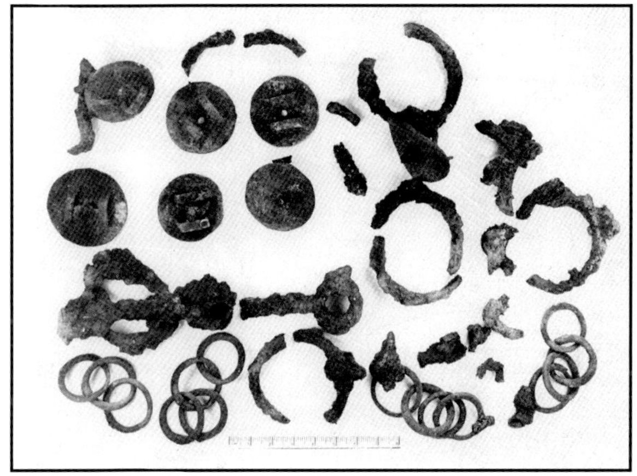

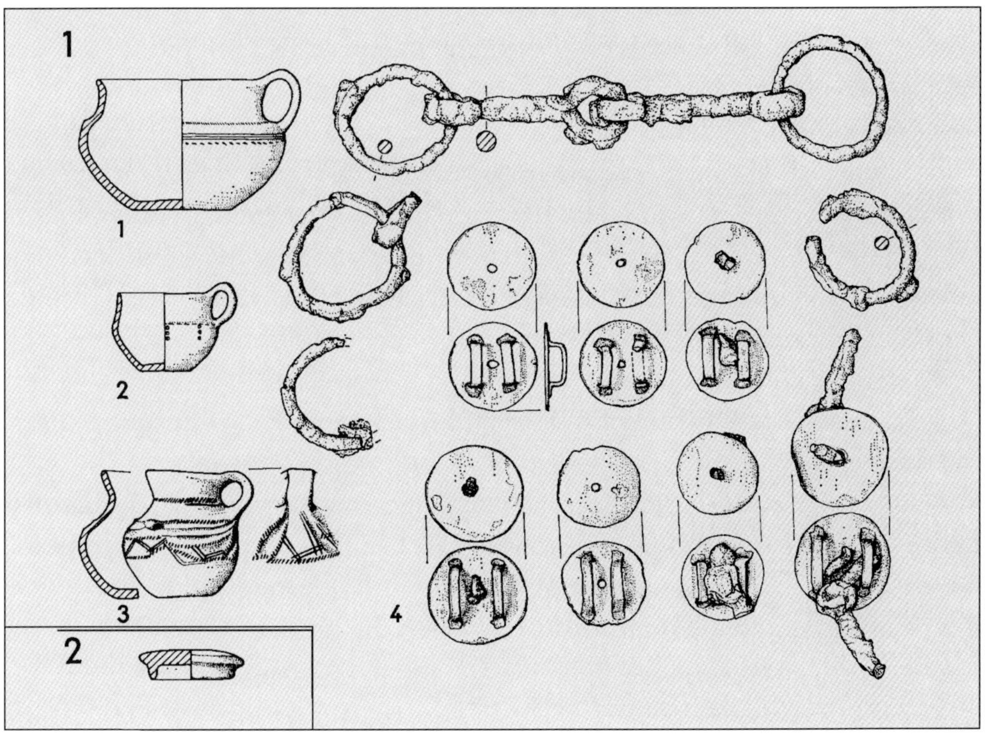

Von Menschenhand bearbeitete Findlinge aus dem Gusower Torfstich (Abb. links oben)

Teile eines Pferdegeschirrs, gefunden beim Bau der Milchviehanlage 1968, Göritzer Kultur, ca. 600 v. Chr. (Abb. rechts oben)

Zeichnung des Grabkomplexes mit dem Pferdegeschirr (Abb. links unten)

Jahren wurden auch in der Innenstadt Tonscherben gefunden. Die zwei bekannten Gräberfelder sind von beachtlicher Größe. Ein flötenähnliches Knochengerät, als Beigabe in einem Einzelgrab in Bahnhofnähe gefunden, ist wieder verloren gegangen. Die Seelower Lanzenspitze und das Pferdegeschirr sind bereits ausstellungsfähig restauriert.

Bauchige Henkelkannen aus der Bronzezeit, gefunden in Seelow

Die Germanen (Römische Kaiserzeit) 1.–4. Jh. n. Chr.

Im 1. und 2. Jahrhundert n. Chr. lebten hier Germanen, anfangs die westgermanischen Semnonen, dann die ostgermanischen Burgunden.[14, 12] Ihre Keramik zeigt Merkmale, die sie von der vorhergehenden Kultur stark unterscheidet. Umfangreiche Nutzung der heimischen Bodenschätze und eine gesellschaftliche Differenzierung sind erkennbar. Insgesamt gibt es aus der Römischen Kaiserzeit in Seelow 22 Fundmeldungen, wobei mehrere Meldungen großflächige Fundorte betreffen. Während Mirow[14] einen Seelower Fund aus dem 1. Jahrhundert den Westgermanen zuschrieb, sprach Götze[8] bei Funden aus dem 2. Jahrhundert bereits von Ostgermanen. Schmiederer[25] konnte für die germanische Siedlung am Klärwerk eine Dauerbesiedlung vom 1. bis 3. Jahrhundert n. Chr. nachweisen. Das aus den Siedlungsschichten geborgene Fundmaterial war sehr umfangreich und offenbarte das typische germanische Bauernleben.

Leider ist nur ein Seelower Münzfund bekannt: eine römische Kaisermünze aus Bronze mit dem Abbild des Hadrianus Augustus.

Die 1875 in Zernickow gemachten Funde waren bis 1902 Bestandteil der Privatsammlung von Prof. Virchow. Der Gräberkomplex von Zernikow wurde dem 4. Jahrhundert zugerechnet. Im 4. Jahrhundert verließen große Teile des Stammesverbandes der Burgunden die hiesige Gegend.

Völkerwanderungszeit 4.–6. Jh.

Spätbronzezeitliche Tasse aus einem Gräberfeld bei Seelow, um 600 v. Chr.

Sie hinterließ hier nur geringe archäologische Spuren. Aus der Geschichtsschreibung wissen wir, dass die abgezogenen Burgunden 436/437 eine schwere Niederlage durch die Hunnen erlitten und dadurch den Kern des Nibelungenliedes bildeten.[12]

Zur Völkerwanderungszeit zählt der Gräberkomplex von Zernickow, aber auch der Siedlungsplatz am Fuße der Gedenkstätte. Er ist der Beweis für eine Restbevölkerung, welche wahrscheinlich mit den folgenden slawischen Einwanderern friedlich zusammenlebte.

Slawenzeit 8.–1. Hälfte 13. Jh.

Die erste slawische Siedlung wurde 1875 beim Bahnbau entdeckt. Zwei Mahlsteine sind als Einzelfund vom Schweizerhaus bekannt, ferner drei nicht lokalisierbare Fundorte und eine Tonscherbe aus der Clara-Zetkin-Straße (Küstriner Str.). Eine Auswertung des Fundmaterials vom germanisch-slawischen Siedlungsareal steht noch aus.

Zahlreiche Burgen deuten auf den Verlauf von Stammesgrenzen hin. Eine Zugehörigkeit des Seelower Siedlungsraumes zur Burg Platkow wäre denkbar.

Dem Stamm der Liutizen wurde der Teilstamm der Leubuzzi oder Lebuser zugerechnet. Ihr Name bzw. der ihrer Hauptburg Lebus wurde auf die Landschaft übertragen. Im 10. Jahrhundert wurden die slawischen Kleinburgen zerstört, nur Lebus wurde ausgebaut und erweitert.

Das Land Lebus in historischer Zeit wird im Frankfurter Jahrbuch 2000 ausführlich behandelt.[16] Nach der deutschen Kolonisation verschmolzen die Kulturen. Doch konnten sich mancherlei slawische Sitten und Bräuche erhalten. Deutliche Hinterlassenschaften sind die Ortsnamen, so auch »Seelow« und »Zernickow«.[28, 22, 23] Schriftliche Zeugnisse in Form von Urkunden lassen die weitere Entwicklung erkennen.

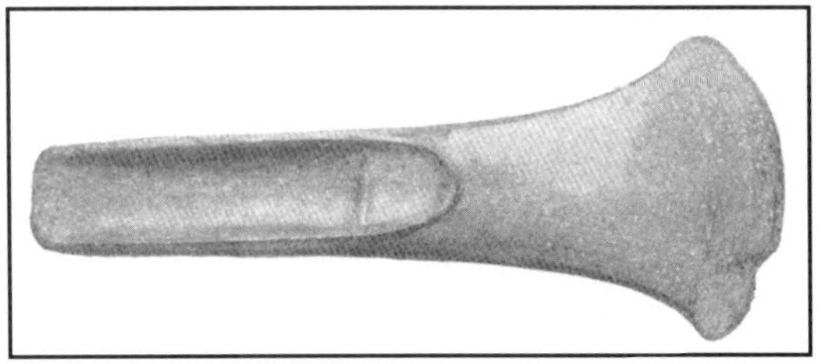

Norddeutsche Absatzaxt aus der Bronzezeit mit Quersteg in der Schaftrinne, gefunden in Seelow

In der ersten Hälfte des 13. Jahrhunderts wird die Gründung von Seelow vermutet. Um 1300 kam die Stadt in den Besitz des Lebuser Bischofs[27]. »Keine Kunde ist uns geworden von der Kolonisation des Bistums selbst, sie bestand 1252 aus den Dörfern Seelow, Wuhden, Göritz und der Marktstadt Drossen.«[26]

1278 wird Seelow als Stadt bezeichnet.[13, 22, 23, 30]

1313 kamen zum Bistum Lebus noch die Dörfer Mahlisch, Werbig, Golzow, Zechin und Zernickow hinzu. Zernickows Hufeneinteilung könnte ein Hinweis auf einen slawisch gebliebenen Siedlungsraum sein.[3, 22]

Die Stadt Seelow liegt am Kreuzungspunkt zweier nord-südlich bzw. west-östlich verlaufender Fernstraßen. Badstübner[2] vermutet die Dorfgründung von Seelow mitsamt der Kirche bereits unter schlesischer Herrschaft. Von einem frühgotischen Kirchenbau des 13. Jahrhunderts sollen Reste bis zum 19. Jahrhundert vorhanden gewesen sein.

In einer Urkunde aus dem Jahre 1308 wird ein Verkaufswert der Stadt Seelow, der Dörfer Wuhden, Czernkowe, Werbeck und Czechin in Höhe von 350 Silbermark erwähnt. Damit war mit Sicherheit nicht der Veräußerungswert gemeint, sondern die Höhe der Steuereinnahmen.

Vom Aufenthalt der Bischöfe in Seelow sprachen Urkunden von 1287, 1358 und 1362. Wohlbrück[30] erwähnt Personen ritterlichen Standes, so Claus von Selow und Petze Selaw. Eine Beziehung zur Stadt ist aber nicht erkennbar.

Seelow blieb ein offener Marktflecken, d. h. ohne steinerne Befestigungsanlagen.[13, 23, 27]

Seit 1287 ist das Land Lebus und damit auch Seelow fester Bestandteil der Mark Brandenburg, seit dem 14. Jahrhundert fester territorialer Bestandteil der Mittelmark.

In die frühe Geschichte der Stadt Seelow gewähren uns, neben den spärlichen schriftlichen Überlieferungen, besonders die archäologischen Funde als Geschichtsquellen einen Einblick. Diese Geschichte beginnt mit der deutschen Besiedlung unserer Heimat im 12./13. Jahrhundert. Für das hohe und späte Mittelalter (1200–1400) fanden sich aber erst zwei Fundstellen in der Innenstadt.

Die Chancen einer verbesserten Stadtarchäologie sollten genutzt werden, um endlich Aufschluss über das Werden der alten Stadt Seelow im Lebuser Land zu bekommen!

Lanzenspitze aus Seelow als früheisenzeitliche Grabbeigabe

Anmerkungen

(1) Arndt, Th.: Seelow. Ein Städtebild. In: Kreis-Kalender des Kreises Lebus 7. 1914, S. 46 ff.
(2) Badstübner, E.: Stadtkirchen der Mark Brandenburg. Berlin 1980
(3) Barthel, R.: Die Besiedlungsgeschichte des Landes Lebus. In: Brandenburgisches Namenbuch, Teil 8: Die Ortsnamen des Landes Lebus. Weimar 1994, S. 9 ff.
(4) Bekmann, J. Chr.: Preußisches Geh. Staatsarchiv Berlin. Handschriftlicher Nachlass, zit. n. Götze 1920
(5) Herrmann, J.; Donat. P. (Hg.): Corpus archäologischer Quellen zur Frühgeschichte. Band 3 (Text), Berlin 1979
(6) Doppelfeld, O.: Kaiserliche Grabfunde von Zernickow, Krs. Lebus. In: Prähistorische Zeitschrift 22. 1931
(7) Gesetz über den Schutz und die Pflege der Denkmale und Bodendenkmale im Land Brandenburg (Denkmalschutzgesetz) vom 27. Juli 1991
(8) Götze, A.: Die vor- und frühgeschichtlichen Denkmäler des Kreises Lebus, 1920
(9) Griesa, S.: Ein Gräberfeld der Göritzer Kultur bei Seelow. In: Ausgrabungen und Funde, 14. 1969, Heft 3, S. 130 ff.
(10) Griesa, S.: Die Göritzer Gruppe. (= Veröffentlichungen des Museums für Ur- und Frühgeschichte Potsdam 16), Berlin 1982
(11) Jahn, M.: Die Wandalen und Burgunden in Brandenburg. In: Brandenburgische Jahrbücher, Heft 12, Jahrgang 1938
(12) Leube, A.: Die römische Kaiserzeit im Oder-Spree-Gebiet. (= Veröffentlichungen des Museums für Ur- und Frühgeschichte Potsdam 9), Berlin 1975
(13) Mirow, G.: Die Wappen und Siegel der Städte im Kreise Lebus. In: Mitteilungen des Vereins für Heimatkunde des Kreises Lebus, II. Heft 1912, S. 21 ff.
(14) Mirow, G.: Bedeutung der heimischen Altertümer. In: Heimatkalender Lebus 1920 (in Fortsetzungen)
(15) Mitteilungen des Vereins für Heimatkunde Lebus, Heft III, 1913
(16) Museum Viadrina Frankfurt (Oder) (Hg.): Frankfurter Jahrbuch 2000
(17) Einstige Dampfmühle wird Museum. In: Neuer Tag, Oder-Journal vom 05. 11. 1990

(18) Verlorene Zeitzeugen. In: Neuer Tag, Oder-Journal vom 18. 02. 1991

(19) Was kann und was will er noch, der Kulturbund? In: Neuer Tag, Oder-Journal vom 19. 04. 1991

(20) Porath, G.: Erinnerungen an den Heimatforscher Franz Kuchenbuch. In: Heimatkalender für den Kreis Seelow, 5. 1990, S. 62 f.

(21) Porath, G.: R. Virchow befasste sich mit Seelower Funden. Neuer Tag, Chronik-Blätter 6. 1977

(22) Porath, G.: Ein Mammut in Gusow. In: Heimatkalender für den Kreis Seelow, 2. 1987, S. 64

(23) Rohrlach, P. P.: Historisches Ortslexikon für Brandenburg. Teil VII Lebus, Weimar 1983

(24) Schimmel, M.; Schmook, R.: Seelow in der Mark. Geschichte einer märkischen Kleinstadt. Neuenhagen 1998

(25) Schischkoff, K.: Zur Siedlungsgeschichte des mittelalterlichen Landes Lebus. Diplom-Arbeit, masch.-schr. Manuskript, Humboldt-Universität zu Berlin 1982

(26) Schmiederer, W.: Siedlungsareal der Jungbronze – Früheisenzeit auf dem Gelände des Klärwerkes Seelow. In: Archäologie in Berlin-Brandenburg, Berlin 1990–92

(27) Thiele, W.: Die Kolonisation des Landes Lebus im Mittelalter. In: Mitteilungen des Vereins für Heimatkunde des Kreises Lebus, Heft IV–V, 1914/15

(28) Wedzki, A.: Urbanisierungsprozesse im Land Lebus im Mittelalter. In: Frankfurter Beiträge zur Geschichte, Heft IV, 1976

(29) Willich, C.: Die slawischen Orts-, Gewässer und Flurnamen des Landes Lebus. Dissertationsschrift, Akademie der Wissenschaften der DDR, 1988

(30) Wirth, G. R.: Deutsche Heimat Nr. 127 und 135. 1935. (= Heimat-Beilage zur Zeitung für das Oderbruch)

(31) Wohlbrück, S. W.: Geschichte des ehemaligen Bistums Lebus und des Landes dieses Namens, 3 Bände, 1829

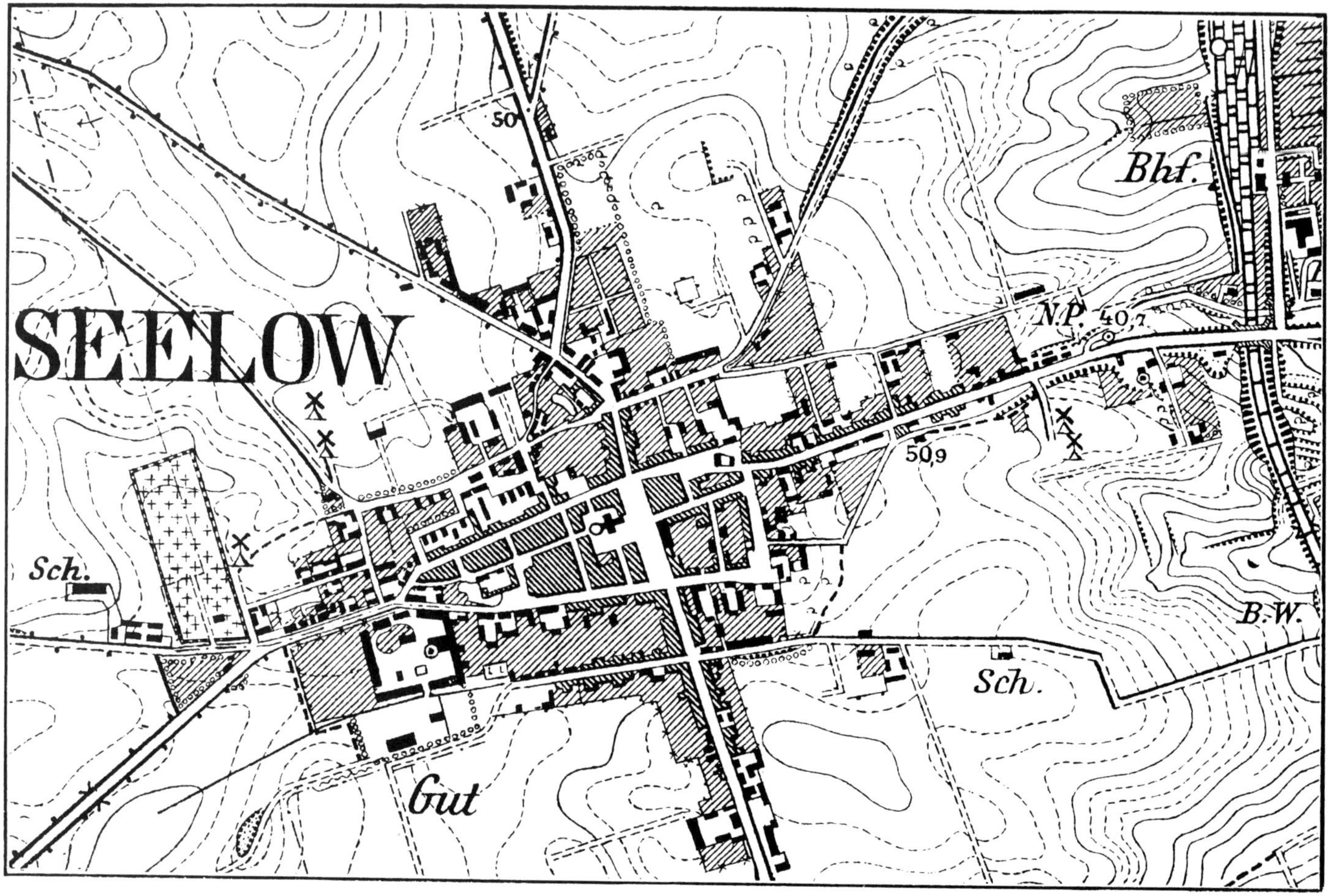

Stadtgrundriss nach dem Messtischblatt von 1890 im Maßstab 1:10 000

Sonnenblumenfeld der 1990er Jahre auf der Seelower Feldmark

Seelow war im Frühjahr 1945 zu einem Verteidigungsknoten ausgebaut worden.
Die Stadt gehörte zum zweiten Verteidigungsstreifen der Großkampflinie und deckte den direkten Straßenzug auf die Höhenrandstufe und damit die Straße Küstrin–Berlin.
Seelow wurde von der 57. Gardeschützendivision der 8. Gardearmee Tschuikows angegriffen. Sie war hierfür durch zwei Artillerie-, ein Granatwerfer-, ein Panzer- und ein SFL-Regiment verstärkt worden.
Zur unmittelbaren Unterstützung standen ihr ein Panzerjäger- und ein Granatwerfer-regiment sowie eine Abteilung Gardegeschosswerfer zur Verfügung.
Unmittelbar begann der Kampf um Seelow am Mittag des 16. April mit einem Feuerüberfall von 30 Minuten, dem ein Angriff auf die Stellungen um Seelow folgte.
Bis zum Abend drang die 57. Gardeschützendivision bis zum Bahnhofsgelände von Seelow vor. Nach dem Bericht des Leutnants Tams war die Lage am Abend »katastrophal. Jeder 5. meiner Männer war gefallen, vermisst oder verwundet.«
Am 17. April folgten der Artillerievorbereitung Luftangriffe. Während in den Stellungen östlich der Stadt noch gekämpft wurde, befanden sich sowjetische Panzer bereits an den nördlichen Zugängen, wo die Verteidiger nicht standgehalten hatten. Mit Entsetzen musste Tams feststellen, dass die Stellungen dort unbesetzt waren.
Sein 3. Zug existierte nicht mehr und der Anschluss zum Nachbarn, einer Volkssturmkompanie, war verloren gegangen. Von sowjetischen Panzern beschossen, versuchte er, Verstärkung auf dem Bataillonsgefechtsstand zu bekommen. Hier musste er erfahren, dass der Regimentskommandeur gerade gefallen war. Ehe die Befehlsverhältnisse geklärt waren, erschienen gegnerische Panzer vor dem Gefechtsstand, der sich in einem Gutshof südwestlich der Stadt befand. Die Kämpfe in dem eingeschlossenen Seelow erloschen erst am 18. April.

R. Lakowski, Seelow 1945, Berlin 1994, S. 144 ff.

Die landesherrliche Mediatstadt

Mitte des 16. bis Anfang des 19. Jahrhunderts
Von der bischöflichen zur landesherrlichen Mediatstadt

Obwohl Kurfürst Joachim I. (1499–1535), der ein entschiedener Gegner der Reformation war, am 11. Juli 1535 seinen Söhnen auf dem Sterbebett das Versprechen abgenommen hatte, der katholischen Kirche treu zu bleiben, traten sowohl Kurfürst Joachim II. als auch sein jüngerer Bruder Johann (Herzog der bis zu seinem Tode im Jahre 1571 selbständigen Neumark) zum Luthertum über. Beide hatten erkannt, dass es schwierig sein würde, die reformatorische Strömung auf Dauer einzudämmen und sie hatten auch begriffen, dass der Übertritt zur Reformation ihnen erheblichen politischen und wirtschaftlichen Nutzen bringen würde. In der Neumark begann die Einführung der Reformation im Jahre 1538, in der Kurmark mit der Jahreswende 1539/40.

Siegel des Seelower Schuhmacher-Gewerks, 18. Jh.

Die von Kurfürst Joachim 1540 erlassene Kirchenordnung unterwarf die Kirche dem Landesherren. Die päpstliche Obergewalt war damit ausgeschaltet. Der lutherische Katechismus wurde als für alle Einwohner der Mark verbindlich eingeführt. Der Grundbesitz der katholischen Kirche, darunter die Bistümer Brandenburg, Havelberg und Lebus, fiel an den Landesherren und wurde der kurfürstlichen Domänenverwaltung (von dem lateinischen domus = Haus) unterstellt.

Die Säkularisierung des Bistums Lebus erfolgte schrittweise und war erst 1598 mit der Überführung der bischöflichen Tafelgüter in den landesherrlichen Dominialbesitz abgeschlossen. Aus den Besitzungen des Bistums wurden zwei landesherrliche Ämter, Lebus und Fürstenwalde, gebildet. Die Seelower Einwohner waren nun nicht mehr bischöfliche, sondern landesherrliche Untertanen, Seelow war eine landesherrliche Mediatstadt geworden, die dem Amt Lebus unterstand. Im Jahre 1731 wurde das Amt Lebus in die Ämter Lebus, Wollup und Golzow aufgeteilt und Seelow gehörte nun zum Amt Golzow, ab 1737 dann zu dem neu eingerichteten Amt Sachsendorf.

Die Besonderheiten der Mediatstädte

Die Unterteilung der brandenburgischen Städte in Immediat- und Mediatstädte hatte sich seit dem 14. Jh. herausgebildet. In beiden Begriffen steckt das lateinische Wort medius = in der Mitte stehend, mittelbar. Die Immediatstädte waren den Kurfürsten bzw. seit 1701 den Königen direkt, also unmittelbar untergeordnet; die unmittelbare Obrigkeit der Mediatstädte war dagegen eine adlige Herrschaft oder ein Domänenamt, so dass diese dem Landesherren nur mittelbar unterstanden.

Am Beginn des 18. Jh. wurde für die Domänen ein Zeitpachtsystem mit sechsjährigen Pachtperioden eingeführt. Die Domänen kamen als Ganzes an einen Generalpächter, dem es freigestellt war, die einzelnen Domänenvorwerke – auch in Seelow bestand ein solches – an Unterpächter auszugeben. Die Generalpächter nahmen nun auch die obrigkeitlichen Befugnisse im Domänenbereich wahr.

Die Mediatstädte wurden zum platten Land gerechnet und ihre Bürger mussten alle Lasten und Abgaben desselben tragen, sie waren, wie die Dorfbewohner, hörige, in ihrer persönlichen Freiheit beschränkte Untertanen einer adligen Herrschaft oder eines landesherrlichen Amtes. Bis auf wenige Ausnahmen hatten die Mediatstädte keine eigene Gerichtsbarkeit, sondern unterlagen der Rechtsprechung ihrer Herrschaften bzw. Ämter, denen eben-

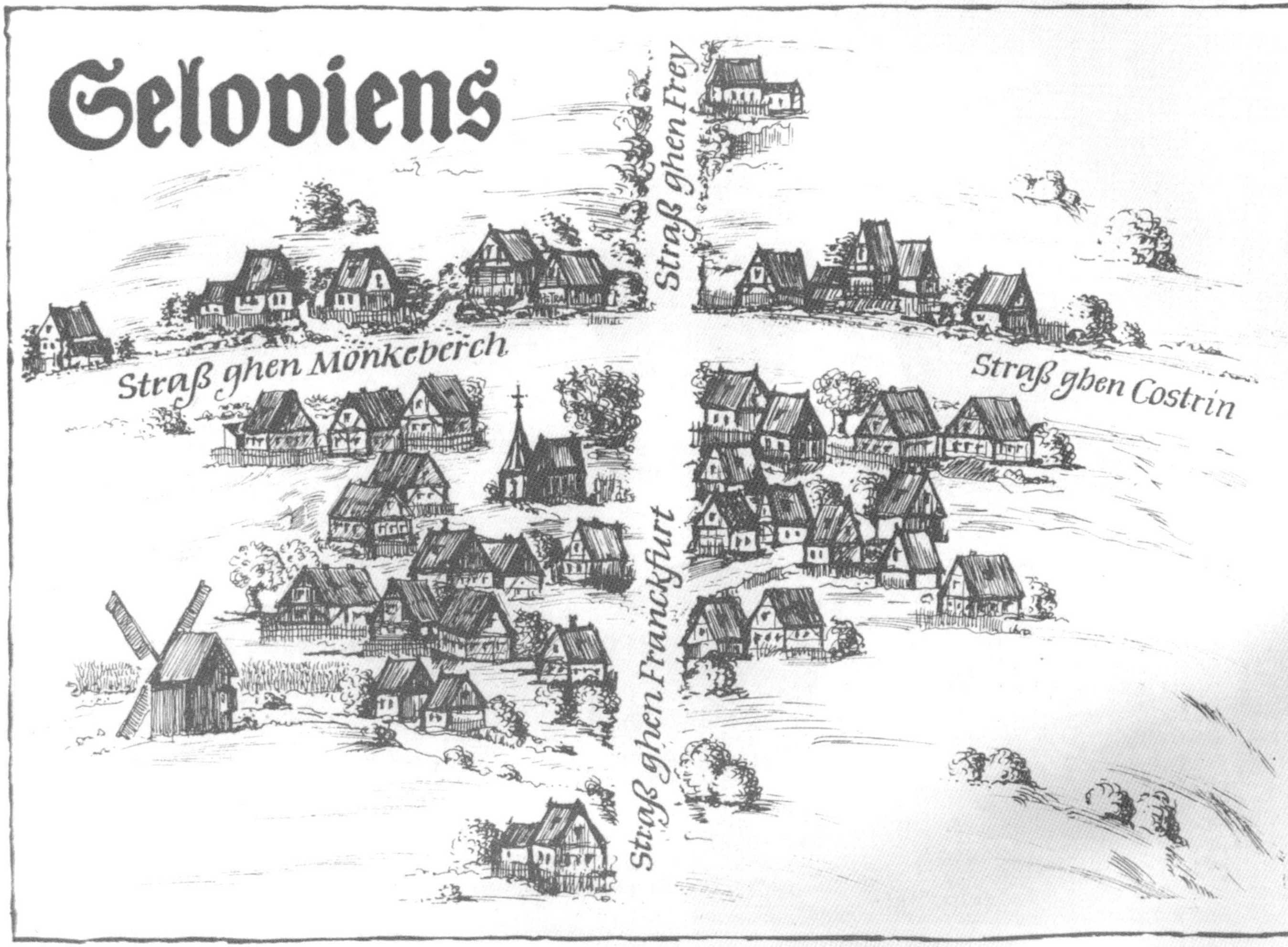

Fiktive Darstellung Seelows im Mittelalter als Illustration in der Festschrift zum 725-jährigen Stadtjubiläum im Jahre 1977

falls die Bestätigung und vielfach auch das alleinige Ernennungsrecht der Magistratsmitglieder zustand.

Die Mediatstädte unterstanden jedoch nicht allein den Domänenbehörden. Im letzten Drittel des 17. Jhs. war für die Städte eine besondere Steuer eingeführt worden, die sog. Akzise. Sie war eine indirekte Verkaufs- und Gewerbesteuer. Die Verwaltung dieser neuen Steuer, die zuerst noch den Städten überlassen worden war, ging bald völlig an staatliche Organe über. Steuerräte beaufsichtigten die Erhebung der Akzise in Amtsbezirken, denen in der Regel 9 bis 16 Städte zugeordnet waren. Seelow stand unter dem Steuerrat Frankfurt (O).

Da die Höhe der einkommenden Akzise vor allem vom Florieren von Handel und Gewerbe und von der Bevölkerungszahl der Städte abhing, wurden die Steuerräte allmählich mit der Aufsicht über immer mehr innerstädtische Angelegenheiten beauftragt, so dass sie bald die gesamte städtische Verwaltung beaufsichtigten.

Mediatstädte ohne eigene Gerichtsbarkeit standen in erster Instanz unter den Patrimonialgerichten der Ämter bzw. der adligen Herrschaften. Auch Mediatstädte mit eigener Gerichtsbarkeit unterstanden in Domänenangelegenheiten den Patrimonialgerichten, nur in Zivilangelegenheiten waren sie direkt dem Berliner Kammergericht untergeordnet.

Abendmahlskelch der Seelower Stadtkirche, 16. Jh.

Die Seelower Stadtverwaltung im 17. und 18. Jahrhundert

Für die Zeit bis zum Ende des 17. Jhs. sind keine sicheren Nachrichten zur Seelower Stadtverwaltung überliefert. Aus dem dazu nur spärlich vorhandenen Aktenmaterial kann man lediglich entnehmen, dass Seelow einen, zuweilen auch zwei Bürgermeister hatte. Auch ein Ratskollegium existierte, dessen nähere Zusammensetzung, Rechte und Pflichten jedoch unklar sind.

Darstellung des Seelower Marktes mit der alten gotischen Stadtkirche. Kolorierte Zeichnung von F. W. Feller, 1813

Für das 18. Jh. erlauben die vorhandenen Quellen einen näheren Aufschluss. Im Jahre 1730 bestand der Seelower Magistrat aus einem Bürgermeister und vier Stadtverordneten, die von den Bürgern vorgeschlagen, vom Magistrat ausgewählt und vom Steuerrat bestätigt wurden. Die Acker- und die Kleinbürger waren durch je einen, die Mittelbürger, als die ursprünglich zahlreichste Schicht, durch zwei Stadtverordnete vertreten. Dass die Stadtverordneten zum Magistrat gehörten, ist eine Besonderheit Seelows gegenüber anderen Städten. In der Regel erfolgte alle drei Jahre eine Ablösung der Stadtverordneten.

Die Besoldung der Magistratsmitglieder floss vor allem aus den Kämmereieinnahmen. Die Seelower Kämmerei besaß keine liegenden Gründe. Zu ihren Einnahmen zählten die städtischen Abgaben der Einwohner, die Bürger- und Meisterrechtsgebühren, die Zeitpacht für den Ratskeller, das Städtegeld von den Jahrmärkten und Gebühren für das Recht zum Bierausschank außer Haus. Daraus ergaben sich Ende des 18. Jhs. Einnahmen von jährlich 251 Talern, 20 Groschen und 6 Pfennigen, denen Ausgaben von 231 Talern und 16 Groschen gegenüberstanden, so dass ein Überschuss von 20 Talern, 4 Groschen und 6 Pfennigen vorhanden war.

Da aus den Kämmereieinnahmen die Unkosten der Verwaltung und des Rechnungswesens der Stadt gedeckt werden mussten, ist es erklärlich, dass die Besoldung des Bürgermeisters und der Magistratsmitglieder sehr niedrig war. Der Bürgermeister bekam ein Jahresgehalt von 16 Talern und für die Ausgaben in Amtsangelegenheiten zusätzlich 8 Taler. Zu seiner Vergütung gehörten ferner Zuführungen von Jahrmarktsgeldern, Untersuchungskosten, Miet- und Brennholzgeldern und andere kleine Einnahmen, die zusammen 68 Taler ausmachten, so dass der Bürgermeister insgesamt 92 Taler jährlich erhielt. Jeder der vier Stadtverordneten bekam jährlich 2 Taler.

Bei einer Mitte des 18. Jhs. vorgenommenen Überprüfung konnte man in Seelow keinerlei Dokumente vorweisen, die darauf hingedeutet hätten, dass die Bürger jemals ein Wahlrecht für den Magistrat besaßen. Daher galt für Seelow die schon am 4. Oktober 1722 durch eine königliche Kabinettsordre erfolgte Regelung für die Besetzung der Magistratsstellen in den Amtsstädten. Danach sollten der Steuerrat und der Magistrat dem Amt zwei geeignete Personen für eine freie Stelle vorschlagen, von denen dieses einen Mann auszuwählen und nach der Bestätigung durch die Kammer zu vereidigen und einzusetzen hatte. Der Kämmerer wurde allerdings ohne Zuziehung des Amtes allein durch den Steuerrat bestellt.

Im Unterschied zu den meisten Mediatstädten besaß Seelow die Zivilgerichtsbarkeit in erster Instanz, die bis um die Wende vom 16. zum 17. Jh. ein Erblehnrichter ausübte. Danach fiel die Gerichtsbarkeit an den Magistrat. Da bei einer 1770 durchgeführten Überprüfung der Bürgermeister Paetsch keine juristischen Kenntnisse nachweisen konnte, wurde ihm das Richteramt abgenommen, mit dessen Wahrnehmung von nun an mit kurzen Unterbrechungen auswärtige Beamte beauftragt wurden.

Die Entwicklung der Einwohnerzahl und die sozialen Verhältnisse der Stadtbevölkerung

Die Einwohnerzahl Seelows ist bis zum ersten Drittel des 18. Jahrhunderts nicht exakt zu bestimmen, sondern kann nur aus überlieferten Steuerzahlerlisten, Prozessakten, Bürgereingaben und anderen verstreuten Quellen annähernd berechnet werden. Seelow hatte 1581 etwa 600, 1624 etwa 670 Einwohner. Während des Dreißigjährigen Krieges (1618–1648) hat die Stadt schwer gelitten und brannte mehrmals fast ganz nieder. Zwischen 1631 und 1634 sollen in Seelow und den umliegenden Dörfern über 2.000 Menschen an der Pest und anderen Epidemien gestorben und die Stadt zeitweise völlig menschenleer gewesen sein. Der Bevölkerungsverlust ist aber überraschend schnell ausgeglichen worden und 1714 hatte die Stadt mit etwa 824 eine größere Einwohnerzahl als vor dem Krieg. Nach den seit 1730 vorliegenden statistischen Angaben stieg die Einwohnerzahl von 972 in diesem Jahr über 1.169 im Jahre 1770 auf 1.400 im Jahre 1800.

Die Einwohner mit Bürgerrecht waren in Acker-, Mittel- und Kleinbürger unterteilt, die in ihren Lebensbedingungen weitgehend den Bauern, Kossäten und Büdnern der Dörfer glichen. Ein nicht unwichtiger Unterschied bestand allerdings in dem Recht der Bürger, Handel zu treiben und ein Gewerbe ausüben zu dürfen. In der Mitte des 18. Jhs. gab es in Seelow 20 Ackerbürger, die sich ausschließlich von der Landwirtschaft ernährten. Die 76 Mittelbürger verfügten nur über unbedeutenden Landbesitz, betrieben daher die Landwirtschaft nur als Nebengewerbe und übten fast alle ein Handwerk aus. Die Kleinbürger hatten sich als besondere Gruppe der Bürgerschaft erst im 17. Jh. herausgebildet. Neben einem Haus besaßen sie nur kleine Gärten und ernährten sich als Handwerker oder Tagelöhner. In der Mitte des 18. Jh. gab es 83 Kleinbürger.

Neben den Bürgern lebten in der Stadt sog. Einlieger, die kein Bürgerrecht hatten, keine Liegenschaften besaßen und bei Bürgern zur Miete wohnten. Im Unterschied zum Gesinde führten sie jedoch einen eigenen Hausstand. Einige Einlieger waren Handwerker, die meisten gingen Tagelöhnerarbeit nach. Um 1800 gab es in Seelow 33 Einliegerhaushalte, 26 Handwerksgesellen, 88 Knechte, 46 Mägde und 42 Dienstjungen.

Gewerbe und Handel

Gewerbe und Handel Seelows waren vor allem für die Eigenversorgung der Stadt und bestenfalls für die nähere Umgebung von Bedeutung. Die Seelower Handwerker produzierten gegenüber denen der Immediatstädte und ge-

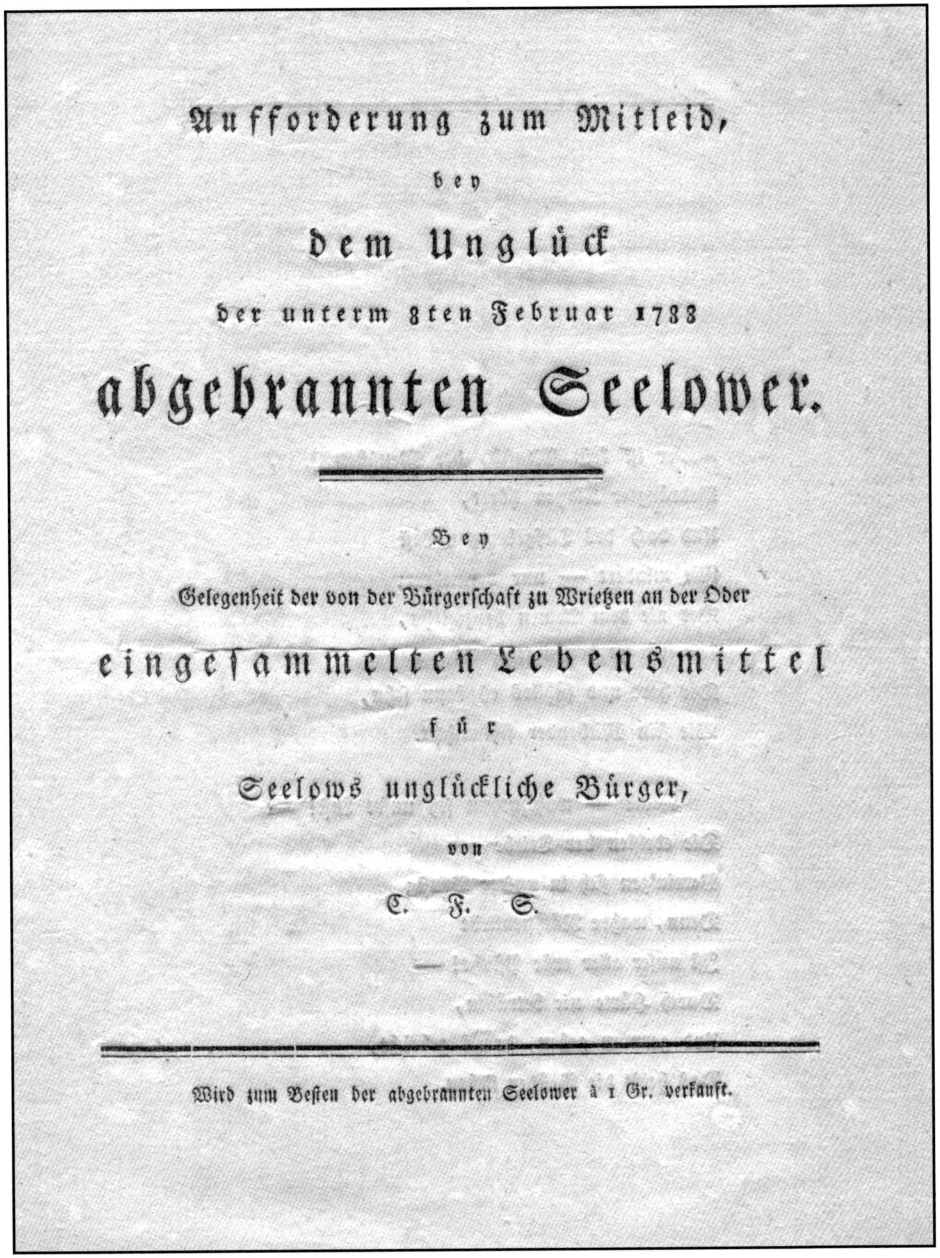

Aufforderung zum Mitleid,

bey

dem Unglück

der unterm 8ten Februar 1788

abgebrannten Seelower.

Bey

Gelegenheit der von der Bürgerſchaft zu Wriezen an der Oder

eingeſammelten Lebensmittel

für

Seelows unglückliche Bürger,

von

C. F. S.

Wird zum Beſten der abgebrannten Seelower à 1 Gr. verkauft.

Aufruf an die Wriezener Bürger, den 1788 abgebrannten Seelowern Lebensmittel zu spenden. Ein frühes Zeugnis nachbarschaftlicher Solidarität

genüber den Landhandwerkern unter erschwerten Bedingungen, da sie die Lasten der Städte und des platten Landes tragen mussten. Es gelang daher auch nicht, spezialisierte Gewerbe anzusiedeln. Eigene Zünfte hatten in Seelow nur die Garnweber, Schneider, Schmiede und die Schlosser. Die meisten Handwerker gehörten den Zünften von Frankfurt (O), Müncheberg und Fürstenwalde an. Am Ende des 18. Jhs. gab es in Seelow 34 Leineweber, 25 Schuhmacher, 19 Schneider, 7 Bäcker, je 3 Böttcher, Fleischer, Riemer und Schlosser, je 2 Chirurgen, Hufschmiede, Maurer, Seiler, Stellmacher und Töpfer sowie je 1 Drechsler, Färber, Glaser, Hutmacher, Müller, Nadler und Zimmerer.

Einen herben Rückschlag in der städtischen Entwicklung brachte der schwere Stadtbrand des Jahres 1788. Am 8. Februar war in einer Schmiede am östlichen Stadtrand ein Feuer ausgebrochen, das sich rasch in Richtung Innenstadt ausbreitete. 72 von 210 Häusern und ebenso viele Wirtschaftsgebäude wurden ein Raub der Flammen. Der Schaden war deshalb so immens, weil die meisten Häuser in Seelow in Fachwerk errichtet und ein Stroh- oder Rohrdach hatten. Nur zehn Häuser in der ganzen Stadt waren massiv erbaut.

Bei Seelow lagen zwei Amtsmühlen, die zumeist an einen Müller in Erbpacht gegeben wurden.

Die Handel treibenden Einwohner der brandenburgischen Mediatstädte unterschieden sich wesentlich von den kaufmännisch orientierten Oberschichten der größeren Handels- und Gewerbestädte. In Seelow gab es am Ende des 18. Jhs. nur drei Materialisten, die vor allem Haushaltswaren verkauften, einen Apotheker, einen Gastwirt und den Nadler, der Handel mit Nähwaren trieb.

Auch die Bierbrauerei und die Branntweinbrennerei waren in Seelow ohne größere Bedeutung. Die Lebuser Amtsbrauerei und das relativ stark entwickelte Brauereigewerbe in Fürstenwalde und Müncheberg erstickten die eigene Entwicklung. Um 1800 besaßen in Seelow vier Bürger das Brauereirecht, die aber nur wenig brauten, da sie starke Absatzschwierigkeiten hatten. Zur gleichen Zeit gab es nur einen Branntweinbrenner.

*Haustür Breite Straße 2
aus dem 18. Jahrhundert.
Sie ist noch heute eine Zier des
Seelower Stadtkerns (Abb. links)*

*Haustür Frankfurter Str. 32 in der
Gestalt einer Kassettentür mit
Oberlicht, um 1800 (Abb. rechts)*

Von überregionaler Bedeutung waren die Seelower Vieh- und Pferdemärkte, die viermal jährlich stattfanden und zu den bekanntesten der Mark Brandenburg gehörten. Um 1800 wurde das Marktreiben so stark, dass sich der Magistrat 1801 genötigt sah, bei der Kriegs- und Domänenkammer, der obersten Provinzbehörde, einen Antrag auf Entsendung eines Militärkommandos zur Aufrechterhaltung der öffentlichen Ordnung an Markttagen zu richten, dem auch stattgegeben wurde.

Von den Viehmärkten abgesehen war Seelow – wie andere Mediatstädte auch – kein wirtschaftliches Zentrum der näheren Umgebung. Die ländliche Bevölkerung kaufte Waren, die im Dorf nicht zu bekommen waren, lieber in den größeren Immediatstädten, wo Handel und Gewerbe ein höheres Niveau besaßen. Die Handwerker gingen dort ausschließlich ihrem Beruf nach, besaßen größere Fertigkeiten und lieferten bessere Produkte. Zudem waren dort auch spezialisierte Gewerbe vorhanden, die es in den Mediatstädten nicht gab.

Die seit dem letzten Drittel des 17. Jhs. einsetzende merkantilistische Wirtschaftspolitik des brandenburgisch-preußischen Staates brachte für Seelow und die anderen Mediatstädte keinen bemerkenswerten wirtschaftlichen Aufschwung, da sie sich vor allem auf die größeren Städte orientierte. Zudem traf diese Politik auf den Widerstand der rein agrarisch orientierten Ämter bzw. der adligen Herrschaften, die durch die Förderung von Handel und Gewerbe eine Einschränkung ihrer auf feudale Verhältnisse begründeten Gerechtsame und Einnahmen befürchteten. Die preußischen Könige unternahmen im 18. Jh. nichts, um die Bürger der Mediatstädte aus ihrer feudalen Untertänigkeit zu befreien, da deren Frondienste und Abgaben oft von entscheidender Bedeutung für die landesherrlichen Ämter und damit für den Erhalt einer wichtigen Geldquelle waren.

Die feudalen Belastungen der Seelower Bürger

Im ersten Drittel des 16. Jhs. begann in der Mark Brandenburg die Herausbildung der Gutsherrschaft, die nach dem Dreißigjährigen Krieg im Wesentlichen abgeschlossen war. Wie für die Bauern und Kossäten der Dörfer brachte diese Entwicklung für die Seelower eine merkliche Verschlechterung ihrer Lebensumstände. Sie verloren ihre persönliche Freiheit und sanken zu hörigen Untertanen des Domänenamts herab, die zu drückenden Diensten und Abgaben verpflichtet waren. Die Ackerbürger wurden zur Verrichtung von Spanndiensten mit Zugvieh, Wagen und Ackergeräten, die Mittelbürger und Kleinbürger zu Handdiensten gezwungen.

Diese feudale Offensive wurde von den Seelowern nicht widerstandslos hingenommen. Als Kurfürst Friedrich Wilhelm zum Beispiel 1643 nach einem Ritt durch die Seelower Feldmark befahl, einen zum Vorwerk gehörenden Weinberg, der völlig verwildert war, in Pflege zu nehmen, leisteten die Seelower dieser Anordnung nicht Folge, weil dies bis dahin nicht zu ihren Verpflichtungen gehörte. Darauf wurden der Bürgermeister und einige Bürger festgenommen und solange im Amt Lebus in Gewahrsam gehalten, bis sie sich zur Bearbeitung des Weinbergs bereit erklärten.

In der zweiten Hälfte des 18. Jhs. verging kaum ein Jahr, in dem die Seelower Bürger nicht Beschwerdeschriften wegen der Erhöhung der Dienste bei den landesherrlichen Behörden oder beim Landesherren selbst einreichten. Zugleich bereiteten sie dem Amt durch schlechte Dienstausführung ständig Schwierigkeiten. So erklärte der Seelower Amtsschreiber am 26. Juli 1674 in einem Bericht, dass die Seelower Untertanen »im Dienen sehr ungetreu und unfleißig sich erwiesen haben ... Es haben aber die Untertanen und deren Knechte, vielleicht auf Geheiß ihrer Herren, ihm allen Widerwillen erwiesen.«

Zuweilen mündeten diese Konflikte in gewaltsamen Widerstand. Als am 31. Mai 1688 einige Dienstboten der Ackerbürger zu spät zum Dienst antraten, peitschte sie der Vogt auf Befehl des Vorwerkspächters aus. Der Dienstjunge des Ackerbürgers Caspar Weinbergk lief davon und trug seinem Herren das Geschehen vor. Dieser eilte sofort mit seinem Bruder Valthin auf das Feld, um den Vogt zur Rechenschaft zu ziehen. Der Vogt sagte später aus: »Und Caspar Weinbergk zu ihme gesprochen, Du Koklplättiger Schelm, worumb hastu meinen Jungen geschlagen, worauff Valthin Weinbergk geschrien, schlage drauf, womit Caspar Weinbergk mit dem Stocke Ihm im Kopfe geschlagen, undt da er sich dann mit der Peitsche gewehret, wehre er ihm in die Arme gefallen, die Peitsche gehalten, da dann Valthin Weinbergk ihm von hinten zugefaßet, nieder geworfen, daselben festgehalten, dan aber wieder ihn mit beiden Beinen getreten, den Arm lahmgeschlagen, den Kopf voller Wunden.«

Die preußischen Reformen am Beginn des 19. Jahrhunderts

Im Jahre 1806 hatte Preußen eine vernichtende Niederlage gegen das napoleonische Frankreich erlitten. Um Voraussetzungen für den Wiederaufstieg Preußens und einen erfolgreichen Kampf gegen die napoleonische Vorherrschaft zu schaffen, wurden in Preußen zwischen 1807 und 1816 grundlegende Reformen durchgeführt, mit denen der Übergang von einer spätfeudalen zu einer bürgerlichen Ordnung begann, der sich dann im 19. Jh. in mehreren Etappen vollzog. Für die Seelower hatten drei Reformmaßnahmen besondere Bedeutung.: Die Agrarreform, die Städtereform und die Gewerbeordnung.

Mit dem »Edikt den erleichterten Besitz und freien Gebrauch des Grundeigentums sowie die persönlichen Verhältnisse der Landbewohner betreffend« vom 9. Oktober 1807, dem berühmten »Oktoberedikt«, wurden die Seelower Bürger, wie alle Bürger von Mediatstädten und Landbewohner, die ihre Grundstücke zu Erbrecht besaßen, aus der Gutsuntertänigkeit befreit. Sie waren nun keine hörigen, in ihrer persönlichen Freiheit beschränkten Untertanen mehr, sondern persönlich freie preußische Staatsbürger. Für die Gutsuntertanen mit nichterblichem Besitz wurde das Edikt erst mit dem Jahre 1810 wirksam.

Allerdings begründete das »Oktoberedikt« nur die persönliche Befreiung. Das Land blieb weiterhin das Eigentum der Ämter bzw. Adligen. Die Seelower wirtschafteten und wohnten also weiterhin auf Amtsland und mussten dem Amt als Obereigentümer wie bisher Frondienste leisten und Abgaben entrichten. Die Ablösung der Dienste und Abgaben und die Herstellung des vollen Eigentumsrechts der Bürger über Grund und Boden erfolgte erst durch das sog. »Regulierungsedikt« vom 14. September 1811 und der »Deklaration zum Regulierungsedikt« vom 29. Mai 1816. Gegen Abtretung eines Drittels ihres Landes oder Zahlung des entsprechenden Geldwertes wurden die aus der Feudalzeit überkommenen Dienste und Abgaben abgelöst und die Seelower Bürger wurden, wie alle erblichen Besitzer von gutsherrschaftlichem Land, freie Eigentümer ihrer Grundstücke und des dazugehörenden Bodens.

Die am 19. November 1808 erlassene »Ordnung für sämtliche Städte der preußischen Monarchie« schränkte den unmittelbaren Einfluss des Staates auf die innerstädtischen Verhältnisse ein, erweiterte die bürgerlichen Rechte und gab den Bürgern damit günstigere Entwicklungsbedingungen. Der Steuerrat, das Organ des absolutistischen Staates zur Überwachung und Reglementierung der Städte, wurde abgeschafft; der Staat behielt nur das oberste Aufsichtsrecht. Die Mediatrechte der adligen Herrschaften und der Domänenämter erloschen, die Mediatstädte wurden nun den Immediatstädten gleichgestellt. Die kommunale Verwaltung übten fortan die Städte selbst aus.

Wie alle Stadtgemeinden erhielt Seelow die Autonomie für Haushalt und Steuersachen, für die Armenfürsorge sowie für das Kirchen-, Schul- und Gesundheitswesen. Während vorher das Bürgerrecht ein Privileg war, musste es nun jedem unbescholtenen Einwohner verliehen werden. Jeder Bürger, der über Grundbesitz oder über ein Einkommen von mindestens 150 Talern jährlich verfügte, besaß das aktive und passive Wahlrecht. Er wählte eine Stadtverordnetenversammlung in gleicher und geheimer Wahl, deren ehrenamtliche Mitglieder als Repräsentanten der ganzen Gemeinde galten. Die Stadtverordneten wählten einen Magistrat als ausführendes und verantwortliches Organ der städtischen Selbstverwaltung. Die Wahl des Magistrats bedurfte allerdings der Bestätigung durch die oberste Provinzialbehörde. Die von den Aktivbürgern gewählten Stadtverordneten konnten durch die Wahl des Magistrats, durch die Bestätigung des Haushalts der Stadt und durch ihr Recht auf Kontrolle des Magistrats entscheidenden Einfluss auf die Stadtverwaltung nehmen.

Von großer Bedeutung für die freiere Entfaltung von Handel und Gewerbe waren auch das Gewerbepolizeigesetz vom 7. September 1811 und das Edikt über die Gewerbesteuer vom 2. November 1811. Das Edikt über die Gewerbesteuer führte eine allgemeine Steuerpflicht ein, auch für Adlige, die auf ihren Gütern Gewerbe ausübten oder ausüben ließen. Das Gewerbepolizeigesetz beseitigte den Zunftzwang und stellte die vollständige Gewerbefreiheit her. Nunmehr durfte jeder Staatsbürger, sofern er eine Gewerbesteuer bezahlte, ohne Einschränkung ein Gewerbe betreiben, womit auch ein wichtiger Schritt zur Angleichung von Stadt und Land getan war, denn bis dahin besaßen die Städte ein nahezu ausschließliches Privileg für die gewerbliche Produktion.

Mit den Reformen zu Beginn des 19. Jhs. begann auch für Seelow ein völlig neuer Entwicklungsabschnitt. Das Feudalzeitalter ging endgültig zu Ende, die bürgerlich-kapitalistische Form des Zusammenlebens der Menschen begann.

Blick von Westen auf die Stadt, noch ohne den wieder aufgebauten Kirchturm (Foto S. 49)

Wer Seelow aus früheren Jahren kennt, dem fallen die vielen baulichen Veränderungen auf, die der Stadt ein attraktives Äußeres verleihen. Sie sind auch Ausdruck der Leistungsfähigkeit eines Mittelstandes, der die Zukunft Seelows als Kreisstadt mitgestaltet. Hiermit schafft die Stadt Voraussetzungen, Seelow attraktiv für Besucher und Investoren zu gestalten. Investoren siedeln sich bereits im voll erschlossenen Gewerbegebiet Seelow Nord an.
Es wird speziell auf die traditionellen Gewerbe unserer Region, Gemüseproduktion, Bauindustrie, Zulieferindustrie, akquiriert.
Genannt seien auch die über 40 Vereine, in denen sich viele Seelower engagieren und so mit ihrer Arbeit das kulturelle Leben der Stadt beleben, wie z. B. die Keramikwerkstatt, das Sport- und Spielfest, Autocrossrennen, die Kultursommernacht, das Stadt- und Schützenfest und der traditionelle Weihnachtsmarkt.

Die Stadt Seelow. In: Seelow informiert. Neueste Ausgabe der städtischen Imagebroschüre 2002, S. 10

Reinhard Schmook

Auf dem Wege zum Verwaltungszentrum des Landkreises Lebus

Seelows Entwicklung zwischen Städtereform und Nazizeit

Im Zuge der preußischen Reformen begann auch für die einstige Mediatstadt Seelow eine grundlegend neue Zeit. Schon während der Befreiungskriege ging nach Jahren französischer Besatzung und fortwährend unangenehmer Einquartierungen ein Ruck durch die Bevölkerung der Stadt. Manch Seelower beteiligte sich aktiv an der Vertreibung der Franzosen und trat in die Lebuser Landwehr ein, die Friedrich August Ludwig von der Marwitz auf Friedersdorf in Seelow gegründet hatte. Man nähte für die Freiwilligen Mäntel und andere Bekleidungsstücke und schmiedete Piken und Säbel. Landsturm und Landwehr wurden auf dem Marktplatz und in den Hinterhöfen zum Kampf ausgebildet. Als endlich Frieden war, errichtete man auf dem Marktplatz einen Altar, an dem ein großer Dankgottesdienst gefeiert wurde. Die Begeisterung war so groß, dass bei dieser Feier in eine große Tonne geschossen wurde, die den Knall der Büchsen noch verstärkte.

Im Jahre 1809 kam es erneut zu einem größeren Stadtbrand. Beim Wiederaufbau der in der Innenstadt gelegenen Häuser verbreiterte man die Straßen und vergrößerte vor allem den Marktplatz. Allmählich lösten massiv errichtete Putzbauten die alten Fachwerkhäuser ab, die das Stadtbild im Zentrum mehr und mehr bestimmten.

Im frühen 19. Jahrhundert entwickelte sich Seelow weiterhin sehr langsam, doch es gab keine so gravierenden Rückschläge mehr, wie z. B. durch den letzten Stadtbrand. Sehr wichtig war dabei die Verbesserung der Verkehrsanbindung durch den Bau von Chausseen nach Müncheberg und nach Küstrin in den Jahren 1817 bis 1819. Ursprünglich verlief die alte Poststraße Müncheberg–Küstrin 5 km südlich an der Stadt vorbei über Dolgelin. Erst die neue Kunststraße führte die Postroute direkt durch Seelow hindurch, wo 1818 eine Posthalterei eingerichtet wurde.

9-Meilen-Obelisk aus Gusseisen an der 1817–1819 erbauten Chaussee Müncheberg–Seelow–Küstrin, (B 1) in Richtung Diedersdorf

Das Leben in der kleinen Stadt verlief bis zur Mitte des 19. Jahrhunderts in ruhigen Bahnen, nur kurz unterbrochen durch eine Choleraepidemie im Jahre 1831 und mehrere kleine Brände.

Ein stadtbildprägendes Ereignis war in jenen Jahren der Bau der neuen Kirche. 1825 wurde wegen des Einsturzes der Südseite des Turmes fünf Jahre zuvor und wegen allgemeiner Baufälligkeit des im Kern mittelalterlichen Kirchengebäudes ein Neubau beschlossen. Zu dem Entwurf des Bauinspektors Siedler nahm 1827 Karl Friedrich Schinkel als Chef der preußischen Oberbaudeputation Stellung und nahm gravierende Veränderungen an der Planung vor. Zwischen 1830 und 1832 wurde der Bau ausgeführt. Es entstand ein streng klassizistisches Bauwerk, das außen wie innen die Handschrift Schinkels trägt. Der Turm wurde erst 1837 fertig und erhielt im selben Jahr Turmknopf und Kreuz als Bekrönung.

Auch der Bau des neuen Rathauses im Jahre 1847 bestimmte fortan das städtische Ercheinungsbild wesentlich mit. Es war von Anfang an geplant, darin auch das Stadt- und Landgericht unterzubringen. Dem ging ein Beschluss der preußischen Justizbehörden voraus, dass künftig das Stadtgericht über Seelow sowie die Justizämter Sachsendorf, Friedrichsaue und Wollup von Küstrin nach Seelow verlegt werden sollten. Darüber berichtet auch das Müncheberger Wochenblatt in seiner ersten Ausgabe vom 1. Januar 1848: »Im Octbr. (1847) stand das schöne und kostbare Gebäude da, eine Zierde der Stadt, auf einem Platze, der früher ein Sumpf gewesen war. ...

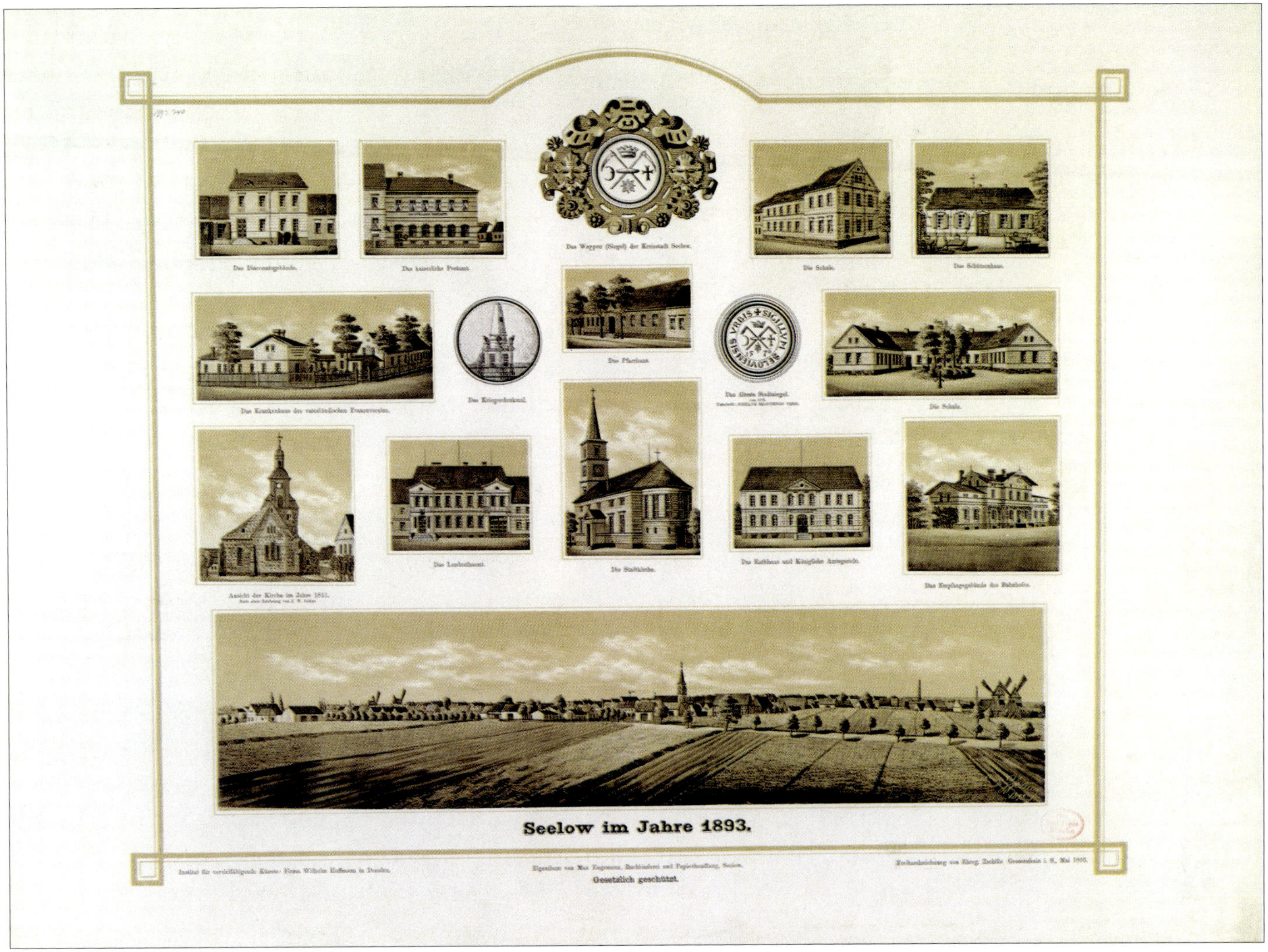

Von dem Seelower Buchbindermeister Max Eugemann herausgegebenes Erinnerungsblatt mit den wichtigsten Gebäuden der Stadt.
Lithografie 1893

Der geschickte Maurermeister Herr Aßmy hat die Zeichnung zu demselben entworfen, den Anschlag gemacht und den Bau ausgeführt. ... Die Stadt hat aber auch durch die Erbauung desselben ein großes Opfer gebracht; denn es kostet in runder Summe 8.000 Rthlr., ungerechnet die auf 1320 Rthlr. veranschlagten Hand- und Spanndienste. Die Stadt ist fast ganz ohne Kämmerei-Vermögen, und muss fast alle Ausgaben aus den Mitteln der Einwohner bestreiten. Möge das Werk den Lebenden wie den Nachkommen zum Segen gereichen.«

Von der Märzrevolution des Jahres 1848 spürten die Seelower wenig. In einem zeitgenössischen Bericht heißt es, »hier wurden constitutionelle Vereine gegründet; es wurden auf offenem Markte Reden gehalten und den Leuten allerhand Schönes gesagt«. Die verängstigten Seelower jedoch gründeten im Juni 1848 eine Bürgerwehr, die aber wohl nie zum Einsatz gekommen ist. Schon am 9. Juni tagte zum ersten Mal die Stadtverordnetenversammlung in öffentlicher Sitzung, eine für damalige Zeiten geradezu revolutionäre Veränderung.

In den nun folgenden 15 Jahren litten viele Seelower wirtschaftliche Not, von der auch die Bewohner anderer deutscher Landschaften betroffen waren. Viele suchten deshalb ihr Glück und ein besseres Leben in Übersee. Allein im Jahre 1859 wanderten fast 1,5 Millionen Deutsche nach Amerika aus, unter ihnen auch manch Seelower. Unter dem Eindruck dieser massenhaften Abwanderung mag auch die Legende vom Seelower Fuhrmann Heinrich Bierbaum entstanden sein. Kaum in Amerika angekommen, sei er Soldat im Bürgerkrieg geworden und durch seine heroischen Taten zum Volkshelden (»Uncle Hen from Seelow«) aufgestiegen. Was immer an dieser Legende dran sein mag; ein Mensch namens Bierbaum konnte bisher für die Zeit um 1860 in Seelow nicht nachgewiesen werden.

Bildpostkarte um 1900, die neben Markt, Brauerei Dochow und Bahnhof auch die Wohngebäude des Domänenamtes zeigt

Noch heute profitiert die Stadt Seelow davon, dass es 1863 mit vereinten Kräften gelang, Verwaltungsmittelpunkt des 1816 gebildeten Landkreises Lebus zu werden. Dessen Kreistage fanden bis zum Beginn des 19. Jahrhunderts in der Regel in Müncheberg statt, während als Sitz des Landratsamtes durch königliche Order vom 29. April 1826 Frankfurt (Oder) bestimmt worden war. So blieb es zunächst bis Februar 1860, als Bernhard von der Marwitz auf Friedersdorf Landrat des Kreises Lebus wurde. Im Herbst desselben Jahres beantragte Marwitz bei der Regierung in Frankfurt (Oder) die Verlegung des Landratsbüros auf sein Gut Friedersdorf, weil er die ständige Abwesenheit von Familie und Gut bei Führung der Amtsgeschäfte von Frankfurt aus nicht verantworten könne. Sein Ansinnen wurde durch eine Petition von Rittergutsbesitzern und Bürgermeistern des Kreises unterstützt, die als Erster Seelows Bürgermeister Hoffmann unterschrieben hatte. Die Unterzeichner dieser Bittschrift waren sich aber darin einig, dass es aus verschiedenen Gründen zweckmäßiger sei, das landrätliche Büro nach Seelow statt nach Friedersdorf zu verlegen.

Gegen dieses Gesuch gab es verständlicherweise sofort heftige Proteste des Frankfurter Magistrats, das daraufhin von der Regierung zunächst abgelehnt wurde. Doch Marwitz ließ nicht locker und wandte sich an den preußischen Innenminister Graf Schwerin. Inzwischen hatte auch der Kreistag einstimmig für eine Verlegung des Landratsamtes nach Seelow votiert. Der Minister allerdings lehnte ab. Nach dem Rücktritt Schwerins am 17. März 1862 erneuerte Marwitz sein Gesuch und hatte diesmal mehr Erfolg. Dem neuen Innenminister Graf zu Eulenburg war es gelungen, König Wilhelm zur Aufhebung der Order vom 29. April 1826 zu bewegen. An Eulenburg gerichtet, schrieb der König: »Unter den in Ihrem Berichte vom 9. d. M. vorgetragenen Umständen will ich unter Aufhebung der Bestimmung in der Order vom 29. April 1826 hierdurch mit dem Vorbehalt jederzeitigen Widerrufs genehmigen, dass das Landratsamt des Kreises Lebus

Bildpostkarte um 1900, die vor allem den geräumigen Marktplatz mit Blick nach Norden darstellt

im Regierungsbezirk Frankfurt a./O. nach Seelow verlegt werde und überlasse Ihnen demgemäß die weiteren entsprechenden Anordnungen.«

Nachdem der Weg damit frei war, kaufte Landrat Bernhard von der Marwitz in Seelow ein Haus, in dem das landrätliche Büro sein erstes Domizil bekam. Am 8. April 1863 teilte er der Regierung in Frankfurt (Oder) mit, dass die Verlegung des Landratsamtes von Frankfurt nach Seelow am 1. April 1863 vollzogen worden sei. Damit begann die ununterbrochene Rolle Seelows als Kreisstadt, zunächst des Kreises Lebus (bis 1950), dann des Kreises Seelow (bis 1993) und schließlich des Landkreises Märkisch-Oderland.

1864 lebten in Seelow 3.232 Einwohner, für eine Kreisstadt nicht eben viele. Doch schon 1875 errichtete man am Markt ein neues Gebäude für das Landratsamt, in dem dann auch die Kreisstände tagten. 1901 erhielt es den Anbau zur Mittelstraße mit seinem charakteristischen, 1945 zerstörten Uhrtürmchen.

1866 kaufte die jüdische Gemeinde vom Ackerbürger Weinberg das alte Küsterhaus und richtete sich hier eine Synagoge ein. Dieses Gebäude wurde bis 1930 genutzt und dann auf Abriss verkauft. Die ältesten Nachrichten über jüdische Mitbürger in Seelow finden sich bereits 1737 in den Seelower Schöppenbüchern, in denen der Schutzjude Wolff Levin verzeichnet ist. 1801 lebten 20 jüdische Bewohner in der Stadt, die erst 1830 eine feste Gemeinde bildeten, zu der auch die jüdischen Kaufleute der umliegenden Dörfern gehörten. Schon um das Jahr 1800 erwarben sie ein Stück Land am Ende der Hinterstraße, um hier einen Friedhof anzulegen. 1878 lebten 18 jüdische Familien mit etwa 60 Angehörigen in Seelow. Diese Gemeinde vergrößerte sich im Jahre 1897 erheblich, als der Groß Neuendorfer Synagogenbezirk, gegen dessen Willen auf staatliche Anordnung, mit dem Seelower vereinigt wurde. Der neue Synagogenbezirk reichte nun von Gorgast bis Marxdorf und von Gieshof bis Niederjesar, doch nahm im 20.

Jahrhundert die Zahl der Gemeindeglieder stetig ab, bis 1930 nur noch 17 Personen im ganzen Synagogenbezirk lebten.

Zu den Mitgliedern der Gemeinde gehörte das Kaufmannsehepaar Abraham und Ernestine Levy in Görlsdorf. Als im Jahre 2000 die an das Friedhofsareal angrenzenden Gebäude abgerissen wurden, fand sich der auf deutsch und hebräisch beschriftete Grabstein für Ernestine Levy, gestorben am 24. März 1870 mit 76 Jahren, wieder an. Er stellt heute das einzige gegenständliche Erinnerungsstück an die jüdischen Bewohner Seelows und seines Umlandes dar.

1907 war die Stadt offiziell Friedhofseigentümerin geworden. Vielleicht hat dieser Eigentümerwechsel etwas mit dem Niedergang der hiesigen Gemeinde zu tun, von der 1910 nur noch sechs jüdische Einwohner verzeichnet wurden. Im Jahre 1938 nahm das traurige Schicksal des Seelower jüdischen Begräbnisplatzes, auf dem zwischen 1800 und 1876 immerhin 80 Bestattungen stattgefunden haben, durch erste Verwüstungen in der berüchtigten Pogromnacht vom 9. auf den 10. November seinen Anfang. Trotzdem fand noch in den Kriegsjahren eine Beerdigung hier statt. Schon damals war nur noch der vordere Teil des Gevierts von etwa 40 x 14 m begehbar. Weiter hinten wucherte Gestrüpp. Insgesamt sollen noch etwa 20 Grabsteine gestanden oder gelegen haben, aber von der einstigen Friedhofsmauer stand nur noch die Nordseite.

In den ersten Nachkriegsjahren wurde der Friedhof offenbar abgeräumt und eingeebnet.

Das Gelände diente 1949 als Ackerland. Aufgrund einer privaten Initiative legte das Stadtbauamt seinerzeit einen Plan zur Umgestaltung des Judenfriedhofes in eine Gedenkstätte vor, der aber nie verwirklicht wurde. Das Gelände wurde lediglich mit Maschendraht eingezäunt und in zwei Rasenflächen beiderseits eines Mittelweges aufgeteilt, auf denen einige Birken gepflanzt worden waren.

Die Hauptgebäude am Markt um 1905: Landratsamt und Stadtkirche

Der Marktplatz auf Bildpostkarten um 1925

Der Marktplatz auf einer Bildpostkarte aus dem Jahr 1938

Der Gasthof »Zur Goldenen Kugel« 1910 (rechts) und nach dem Umbau 1923 (links)

Das 1847 erbaute Rathaus, in dem auch das Amtsgericht untergebracht war. Bildpostkarte um 1920

Die Berliner Straße kurz vor der Einmündung in den Marktplatz. Bildpostkarte um 1910

Die Küstriner und die Frankfurter Straße auf Bildpostkarten um 1910

Blick in die Berliner Straße auf einer Bildpostkarte von 1902

Wriezener Straße auf einer Bildpostkarte um 1905

Die Landratsvilla an der Wriezener Straße um 1916 auf einer Bildpostkarte

Gärtnerei am Schweizerhaus. Bildpostkarte von 1934

Der Verschönerungsberg auf einer Bildpostkarte um 1910.
Hier steht seit 1945 bzw. 1972 die Gedenkstätte für die Schlacht um die Seelower Höhen

Domänenhof mit Brennerei und Futtersilos, um 1933

Blick vom Kirchturm auf die Hauptkreuzung und den Markt, um 1938

Ende der 1950er Jahre baute man die Brennerei des ehemaligen Seelower Domänengutes um. Bei dieser Gelegenheit beseitigte man wohl auch die letzten Reste des Friedhofs. In Vergessenheit geraten, wurde das Gelände 1967 Volkseigentum. Man versiegelte es mit einer Asphaltdecke und baute Unterstelldächer für den Betriebsparkplatz darauf.

Durch den Bau der Ostbahn von Berlin nach Küstrin zwischen 1865 und 1867 besserten sich die Verkehrsverhältnisse erneut, obwohl die Bahnstrecke ein gutes Stück nördlich an der Stadt vorbeigeführt wurde. Erst zehn Jahre später erhielt die Stadt einen direkten Bahnanschluss, und zwar an die Stettiner Bahn von Angermünde über Wriezen nach Seelow. Mit deren Bau, der wegen des hügeligen und quellenreichen Terrains eine Menge Arbeit kostete, wurde 1873 begonnen. In diesem Zusammenhang wurde 1875/76 das noch heute vorhandene Bahnhofsgebäude erbaut.

Als es noch kein Telefon gab, war die Kommunikation zwischen Seelow und seinen Nachbarstädten umständlich und zeitaufwändig. Neben der schon vorhandenen Boten- und Briefpost wurde am 1. Dezember 1867 eine optische Telegrafenstation in Betrieb genommen, die natürlich nur bei Tage funktionieren konnte. Sie wurde in Verbindung mit der Poststation betrieben.

Zwischen 1869 und 1872 erfolgte der Bau der Kreischaussee Frankfurt–Gusow, womit sich nun auch die Straßenanbindungen Seelows in Nordsüdrichtung erheblich verbesserten.

Vierzig Jahre später kam dann noch eine Eisenbahnverbindung ins Oderbruch und auf die Lebuser Höhe hinzu: die Oderbruchbahn. Zwischen 1910 und 1912 gebaut, führte sie von Wriezen quer durch das ganze Oderbruch über Seelow bis nach Fürstenwalde. Sie überwand die Höhenstufe von Sachsendorf kommend auf einem lang gezogenen, elegant geschwungenen Damm etwas südlich der Stadt bei Dolgelin. Heute sind von ihr nur noch der Seelower Kleinbahnhof und ein paar zugewachsene Gleise übrig.

Im Jahre 1885 hatte Seelow mit 3.537 Einwohnern die höchste Bevölkerungszahl bis 1945 erreicht. Danach sank sie wieder und betrug 1939 nur noch 3.082. Zur Stadt gehörten damals noch die Wohnplätze Bahnhof, Brauerei Oderbruch, Chausseehaus, Schweizerhaus und die 28 Seelower Loosen. In letztere waren nach den Separationen der Feldmarken (Bruch 1820 und Höhe 1839) die Seelower Mittelbürger gezogen. Das Domänenvorwerk mit dem Wohnplatz Hermannshof wurde allerdings erst 1928 nach Auflösung der Gutsbezirke in Preußen mit der Stadt vereinigt.

Das 20. Jahrhundert begann in Seelow genauso ruhig, wie sich das 19. verabschiedet hatte. Nach wie vor ging es sehr bescheiden zu in der kleinen Stadt, deren ländlicher Charakter dem Fremden sofort ins Auge fiel, wenn er in eine der vom Markt abgehenden Straßen schaute.

Allerdings gaben die Ausspannungen um die Straßenkreuzung am Markt, die »Goldene Kugel«, das »Norddeutsche Haus« und der »Schwarze Adler« sowie Landratsamt und Kirche der Kreisstadt zumindest an dieser Stelle städtisches Gepräge.

Am 20. Oktober 1906 wurde die erste Straßenbeleuchtung in Betrieb genommen. In der wirtschaftlich stärkeren Nachbarstadt Wriezen brannten bereits 1865, also 40 Jahre zuvor, die ersten Gaslaternen.

So spät wie die Gasversorgung erhielt Seelow im Vergleich zu den anderen Städten des Lebuser Kreises auch elektrischen Strom. Erst am 1. März 1919 wurde das Leitungsnetz, das die Stadt mit Strom versorgte, fertig gestellt. Mit der Planung einer zentralen Wasserversorgung beschäftigte sich die Seelower Stadtverwaltung gar erst im Jahre 1930.

Noch kurz vor Ausbruch des Ersten Weltkriegs wurde 1913/14 das Landratshaus an der Gusower Chaussee erbaut, ein repräsentatives Gebäude, das noch heute beim Vorbeifahren ins Auge fällt.

Der Krieg brachte wie andernorts ebenso einen herben Rückschlag in der städtischen Entwicklung. Besonders gegen Ende des Krieges und in den darauffolgenden Jahren war die Not sehr groß. Viele Seelower, die in

Rathaus und Stadtkirche im Jahre 1938

Die Bockwindmühle am östlichen Ortsausgang 1938

Arbeiten an der Oderbruchbahn
bei Seelow 1911/12.
Kaltnadelradierung
von Theo von Brockhusen

den Krieg ziehen mussten, kehrten nicht zurück. 1929 wurden zu Ehren der Gefallenen in einem Gedenkhain auf dem Stadtfriedhof 83 Steine aufgestellt.

Die Nazizeit kündigte sich mit der Gründung einer NSDAP-Ortsgruppe im Jahre 1930 an, zu der auch die Orte Langsow, Werbig und Neuhardenberg gehörten.

Aus jenem Jahr ist auch die Nachricht überliefert, dass der Anteil Seelows an den Reparationszahlungen Deutschlands an die Siegermächte des Ersten Weltkrieges aufgrund des Youngplanes jährlich 102.500 RM betragen sollte, und das bis 1987!

Bei der Reichspräsidentenwahl am 12. 3. 1932 stimmten die meisten Seelower für Hindenburg (228) und für Hitler (133), Thälmann bekam immerhin noch 60 Stimmen. Vier Wochen später wollten schon 814 Seelower Hitler als Reichspräsidenten, 817 Hindenburg und 99 Thälmann.

Bei der Reichstagswahl am 24. April 1932 bekamen die Nationalsozialisten in Seelow 839, die Sozialdemokraten 382, die Deutschnationalen 184 und die Kommunisten 151 Stimmen bei 81 % Wahlbeteiligung. Die NS-Propaganda hatte in dieser Krisenzeit ganze Arbeit geleistet.

Luftbild vom Stadtzentrum im Jahr 2001 *(Foto S. 73)*

4.500 Bürger zählt gegenwärtig unsere Kreisstadt. Der Neubau von 652 Wohnungen, der Wiederaufbau von 34 zerstörten Wohnungen, der Neubau von zwei Polytechnischen Oberschulen, zwei Berufsschulen, einer Kinderkrippe, eines Kindergartens, eines Kulturhauses, eines Konsumwarenhauses und noch einer Vielzahl anderer Verwaltungs- und Wirtschaftsgebäude für den Handel und die Versorgung sowie die Errichtung umfangreicher Wirtschaftsgebäude für unsere im Jahre 1953 gegründete Landwirtschaftliche Produktionsgenossenschaft »Hammer und Sichel« sind ein Ausdruck der richtigen Politik der Partei der Arbeiterklasse und der Regierung unserer Deutschen Demokratischen Republik, des ersten Friedensstaates in der Geschichte Deutschlands.

Neben dem Baugeschehen veränderte sich auch das Aussehen unserer Straßen. Es entstanden eine Reihe von Dienstleistungseinrichtungen, die das Leben aller Bürger angenehmer und schöner machen.

All das führte dazu, dass sich die politisch-moralische Einheit unserer Bevölkerung ständig festigte und so immer neue Impulse entstehen, die uns helfen, den historischen Beschluss des VI. Parteitages der Sozialistischen Einheitspartei Deutschlands über den umfassenden Aufbau des Sozialismus in unserer Republik noch schneller zu verwirklichen.

W. Seeger, Seelow nach 20 Jahren. In: Unsere Heimat 1966, Heft 1, S. 14 ff.

Die letzten 70 Jahre

Vom Beginn des »Tausendjährigen Reiches« bis zur Gegenwart

1933 bis 1945 – auf dem Weg zum Verderben

Am 8. März 1933 wurde auf dem Landratsamt und dem Rathaus neben der Reichsflagge Schwarz-Weiß-Rot die Hakenkreuzfahne gehisst. Landrat Dr. Hildebrandt (SPD) hatte seine Zustimmung dazu verweigert und ließ die Nazifahne wieder herabholen. Seine Suspendierung vom Dienst folgte auf dem Fuße. Einige Wochen später hat er sich erschossen. Mit ihm hatte die neue Macht in Seelow ihr erstes Opfer gefunden.

Wie man mit politischen Gegnern umging, zeigte eine Aktion am 8. August 1933, bei der im Kreisgebiet 62 Personen, wegen angeblichen Hoch- und Landesverrats, verhaftet und in das KZ Sonnenburg gesperrt wurden.

Im Haus des Kaufmanns Georg Perlwitz hatte die NSDAP am 11. Juli 1933 ihre Kreisgeschäftsstelle eingerichtet. Der Platz vor dem Amtsgericht und heutigem Rathaus hieß nun »Adolf-Hitler-Platz«. Straßen wurden in »Hermann-Göring-Straße» und »Heinrich-Himmler-Straße« umbenannt.

Seelow hatte 1933 und auch die ganze Nazizeit hindurch etwa 3.100 Einwohner. Damals wurde das Trinkwassernetz fertig gestellt und im gleichen Zuge die Brunnen in den Straßen zurückgebaut.

In den Vorkriegsjahren war Seelow eine Hochburg der »Bekennenden Kirche«, deren Hirtenbrief trotz Verbots am 8. Juni 1935 von der Kanzel der Stadtkirche verkündet wurde.

Aufrecht vertrat schon 1934 der Prädikant Johannes Pecina seine Ansichten offen vor einer großen Anhängerschaft. Die nazitreuen »Deutschen Christen« versuchten daraufhin, in Seelow eigene Pfarrer zu etablieren. Dies

Der Seelower Volkssturm als letztes Aufgebot, Anfang 1945

Ruinen überall kündeten lange von den schweren Kämpfen um die Stadt

Die zerstörte Stadtkirche im April 1945 (Foto rechts)

1957 war das Kirchenschiff wieder aufgebaut

Blick zum Kreiskrankenhaus in der Nachkriegszeit

Die Enttrümmerung der Innenstadt zog sich lange hin (Foto links)

führte dazu, dass der Kirchenkampf in Seelow besonders schwer entbrannte. Pfarrer Pecina wurde verhaftet und im Mai 1935 sogar aus dem Regierungsbezirk Frankfurt (Oder) ausgewiesen. Erst zu Weihnachten 1935 durfte er nach Seelow zurückkehren, aber keine Amtsgeschäfte ausüben. In den folgenden Monaten sah er sich mancherlei Drangsalierungen ausgesetzt und wurde sogar in »Schutzhaft« genommen.

Nach mehreren Stationen der Haft fragte man ihn, unter welchen Bedingungen er die Pfarrstelle in Seelow aufgeben würde. Er verlangte, dass kein Gemeindeglied mehr verfolgt werden dürfe und dass sein Nachfolger auch Mitglied der »Bekennenden Kirche« sein solle.

Daraufhin versetzte man ihn nach Brodowin in die Uckermark. Sein Nachfolger, Pfarrer Rudolf Kehr, setzte seine Arbeit in Seelow fort. Auch er bekam bald Schwierigkeiten mit den Machthabern, hielt aber standhaft an seiner Überzeugung fest.

Als die Nazis in Seelow mit ihren Einschüchterungsversuchen nicht weiterkamen, wurde im August 1937 der Landrat ausgewechselt. Für den Herrn von Nassau kam Landrat Kreuzberger.

Die so genannte Reichskristallnacht vom 9. auf den 10. November 1938 fand in Seelow einen Tag später statt. Frankfurter SA- und SS-Leute verwüsteten das Haus der Familie Reissner und richteten weitere Schäden an. Die Seelower SA-Leute hatten sich geweigert, den Anordnungen ihrer Führer zu folgen.

Im April 1938 fand eine Volksabstimmung statt, bei der von 2.084 Stimmberechtigten 2.082 für Hitler votierten. Diejenigen, die mit nein gestimmt hatten, wurden bekannt und von einer verhetzten Meute durch die Stadt getrieben.

Mit der Eingemeindung von Zernickow im Jahre 1939 konnte Seelow seine Einwohnerzahl bei 3.115 stabilisieren. Das kleine Dorf gehörte kirchlich schon lange zu Seelow und konnte sich als Stadtteil jetzt einer Wasserleitung und sogar einer Straßenbeleuchtung erfreuen.

Bei Kriegsbeginn am 1. September 1939 bekam die Seelower Bevölkerung schon die ersten Einschränkungen zu spüren. Lebensmittel wurden zugeteilt. Die ersten Meldungen von gefallenen Soldaten gingen ein. Das Krankenhaus wurde in ein Hilfslazarett umgewandelt.

Die meisten Männer aus der Stadt waren in den Krieg gezogen, die einen freiwillig, die anderen nicht. An der so genannten Heimatfront wurden Spenden gesammelt, vom »Winterhilfswerk« über Schrottsammlungen bis zum Abliefern der Glocken als Materialspender für die Rüstungsindustrie.

Nach 12-jähriger Amtszeit verließ Bürgermeister Dr. Flaghaar die Stadt. Das Amt wurde kommissarisch von dem pensionierten Lehrer Karbe verwaltet.

Inzwischen häuften sich die Gefallenenmeldungen von den Fronten. Gerade in der Schlacht um Stalingrad kämpften viele Soldaten aus Seelow und dessen Umgebung. Von den meisten hörte man bald nichts mehr.

Trotz des Krieges verlief das Leben in Seelow, solange die Stadt nicht direkt betroffen war, mehr oder weniger normal. Etwas Abwechslung in den grauen Kriegsalltag brachte der Brand des Dachstuhls vom Landratsamt am 22. September 1942. Dabei wurde auch die Uhr im Dachtürmchen zerstört, woraufhin man die Kirchturmuhr nach langer Zeit wieder in Ordnung brachte.

Auf ihrem Weg zur Reichshauptstadt überflogen immer öfter die Bomberpulks der Alliierten auch Seelow. Bomben fielen nicht, weil es hier nichts Kriegswichtiges zu zerstören gab. Im März 1943 warf ein britisches Flugzeug Propagandaflugblätter ab, die von Schülern alle eingesammelt werden mussten.

Mit Durchhalteparolen wurde die Bevölkerung zu immer neuen Anstrengungen angespornt.

Im Lazarett kamen laufend neue Verwundete an, die von der NS-Frauenschaft, der Evangelischen Frauenhilfe und von BDM-Mädels versorgt und betreut wurden.

Der »Rat des Kreises« wird 1953 unweit des Marktplatzes erbaut

1957 hieß die Frankfurter Straße noch Karl-Marx-Straße

Das »Kaufhaus des Friedens« auf einer Bildpostkarte von 1959

Blick auf den Markt, der auch als Busbahnhof diente und auf dieser Bildpostkarte von 1956 schon Puschkinplatz heißt

Bildpostkarte mit altem Landratsamt und neuem Kreishaus aus dem Jahr 1954

Die Apotheke am Puschkinplatz im Jahr 1967 (Foto links)

Aus den luftkriegsgefährdeten Ballungszentren, besonders aus Berlin, schickte man Frauen und Kinder nach Seelow, um sie vor den Bombenangriffen in Sicherheit zu bringen.

Als die Front näher an die Oder rückte, kamen die ersten Flüchtlingstrecks durch die Stadt, entlang der alten Reichsstraße 1. Damit kündigte sich das Ende der Naziherrschaft an, das besonders für Seelow ein Ende mit Schrecken werden sollte.

Als die Rote Armee Anfang Februar 1945 an der Oder stand, wurden auch in den Zimmer des Hotels »Schwarzer Adler« Verwundete gepflegt. Der Krieg mit all seinen Schrecken hatte Seelow erreicht. Am 26. Februar 1945 erging der Räumungsbefehl und über 3.000 Seelower mussten bis Ende März ihre Stadt, in dem bevorstehenden Kampfgebiet, verlassen. Nur 152 ausgewählte Personen durften zurückbleiben.

Am 16. April 1945 begann mit der Erstürmung der Seelower Höhen der Angriff der Roten Armee auf Berlin. Diese Schlacht, mit der das endgültige Ende des Nationalsozialismus eingeleitet wurde, machten den Namen der kleinen Ackerbürger- und Kreisstadt mit einem Schlage weltbekannt. Zuvor wurde schon am 11. April von der Wehrmacht der Kirchturm gesprengt, um der gegnerischen Artillerie keine Einschießmöglichkeit zu bieten. Dabei wurde auch das Kirchenschiff schwer beschädigt.

Der unmittelbare Kampf um die Stadt, die am 6. April 1945 zum Ortsstützpunkt innerhalb des zweiten Verteidigungsstreifens der Großkampf-Hauptkampflinie erklärt wurde, begann am Mittag des 16. April. Zum Kampfkommandanten war kurz vor der Offensive Hauptmann Wartenberg ernannt worden, dessen Gefechtsstand auf dem Gutshof im Südwesten Seelows lag. Die Stadt hatte man zur Rundumverteidigung eingerichtet, wobei im westlichen Bereich zwei Volkssturmkompanien eingesetzt wurden. In den beiden östlichen Sektoren wurde Seelow von je einer 130 Mann starken Kompanie des 76. Panzergrenadierregiments der 20. Panzergrenadierdivision verteidigt. Bereits am Abend des 16. Aprils war die Lage sehr kritisch. Um Mitternacht wurden Seelows Verteidiger dem Hauptmann Rosenke unterstellt und als »Kampfgruppe Rosenke« bezeichnet.

Am nächsten Morgen standen zur Verteidigung des Ortes nur noch ca. 300 kampffähige Soldaten und einige Volkssturmmänner zur Verfügung. Letztere sollten die Panzersperren an den vier Ortsausgängen besetzen. Mit dem Vordringen der Russen auf die Höhen nördlich von Seelow war das Schicksal des Ortsstützpunktes jedoch besiegelt. Im Laufe des 17. April erlebte die Stadt mehrere Luftangriffe, die verheerende Schäden anrichteten. In den Stellungen östlich der Stadt und um den Gefechtsstand im Südwesten des Stadtgebietes wurde noch gekämpft, als sich am nördlichen Ortseingang bereits die ersten Sowjetpanzer zeigten. Am 18. April erloschen die Kämpfe im eingeschlossenen Seelow. Die Soldaten, die den erbitterten Kampf überlebt hatten, entkamen in Richtung Diedersdorf und stellten sich hier erneut den massenhaft anstürmenden Russen.

Seelow bot nach den Kämpfen den wenigen hier verbliebenen Bewohnern ein Bild des Schreckens. Das Rathaus, die Gasthäuser »Goldene Kugel« und »Norddeutsches Haus« sowie andere Häuser um den Markt waren ausgebrannt. Ebenso erging es der Kirche nach dem Einschlag einer Brandbombe. Das Pfarrhaus war halb weggerissen, der Pfarrgarten dahinter verwüstet. Tage danach brannten immer wieder Häuser ab, eine Begleiterscheinung fortlaufender Plünderungen. Nur etwa 50 Menschen lebten noch hier. Ende 1945 waren es schon 1.000, die eine Unterkunft brauchten und mit Lebensmitteln versorgt werden mussten.

Am 11. November 1945 wurde auf dem ehemaligen Verschönerungsberg ein von dem sowjetischen Bildhauer Lew Kerbel geschaffenes Siegesdenkmal eingeweiht. An seinem Fuße liegen 10.000 Sowjetsoldaten von mindestens 33.000 begraben, die beim Sturm auf die Seelower Höhen ihr Leben ließen. 1972 fügte man dieser Anlage aus propagandistischen Gründen eine Gedenkstätte hinzu, in der heute ausführlich über die traurigen Ereignisse des Jahres 1945 informiert wird. Die um Seelow gefallenen deutschen Soldaten liegen auf dem Stadtfriedhof begraben. Jahre später wurde auch diese Kriegsgräberstätte würdig hergerichtet.

Das tägliche Leben in Seelow normalisierte sich nur langsam. Notdürftig wurden Häuser und Wohnungen repariert. Als äußerst schwierig gestaltete sich die Versorgung der Bevölkerung mit Lebensmitteln. Zum Aufbau einer neuen Stadtverwaltung bestimmte die sowjetische Ortskommandantur Herrn Rieseweber als Bürgermeister. Die erste Stadtratstagung fand am 18. September 1945 statt. In jenen Tagen ging es in erster Linie um die Bodenreform, die unter Aufsicht des sowjetischen Kreiskommandanten auch in Seelow durchgesetzt wurde.

Das ehemalige Kampfgebiet bot noch immer ein chaotisches Bild. Zerschossene Panzer und Geschütze, Schützengräben und Unterstände sowie Unmengen an Munition und vermintes Gelände umgaben die Stadt.

Mit Hilfe sowjetischer Bautruppen konnten Instandsetzungen an den Versorgungsnetzen durchgeführt werden. Am 1. Oktober 1945 wurden der Schulunterricht und der Postverkehr zu den einzelnen Orten des Kreises wieder aufgenommen.

Am 23./24. März 1946 vollzog sich im »Schwarzen Adler« die mehr oder weniger freiwillige Vereinigung von KPD und SPD zur Sozialistischen Einheitspartei Deutschlands.

Als man endlich die größten Schäden beseitigt hatte, brach in der Nacht zum 22. März 1947 der Oderdeich bei Reitwein. In nur wenigen Tagen stand das ganze Oderbruch unter Wasser.

1.800 Evakuierte mussten in Seelower Schulen und anderen öffentlichen Gebäuden untergebracht und über fünf so genannte Volksküchen versorgt werden. Da über 50 % der Seelower Feldmark im Oderbruch liegen, waren auch die ca. 30 Bauernhöfe auf den Seelower Loosen durch das Hochwasser stark in Mitleidenschaft gezogen worden.

Als sich das Wasser verzogen hatte, hieß es an vielen Stellen erneut, bei Null zu beginnen.

1948 wurde in der Sowjetischen Besatzungszone der »Zweijahrplan« beschlossen. In diese Zeit fällt die Gründung der MAS (Maschinenausleihstationen) in Seelow und anderen Orten des Kreises.

Mit Gründung der DDR am 7. Oktober 1949 erfolgte zunächst die Umbenennung des Kreises Lebus in den Kreis Seelow. Seit dem 1. Juli 1950 war Seelow offiziell Kreisstadt dieses 1952 im Rahmen einer Gebietsreform stark reduzierten Kreises.

Das 1957 eingeweihte Kulturhaus »Erich Weinert« im Jahr 1959

Straße der Jugend mit dem Haus des Schmiedemeisters Voigt im Hintergrund, 1975

Der Puschkinplatz mit Busbahnhof im Jahr 1963

Blick über den Puschkinplatz vom Turm der Feuerwehr, um 1975

Straßenabzweig nach Werbig, um 1975. Hinter dem Zaun links im Bild lagen viele sowjetische Soldaten begraben (Foto unten links)

Wohnungsbau in der Stauffenbergstraße, um 1980 (Foto unten rechts)

1950 legte ein Beschluss der Stadtverordneten den Wiederaufbau Seelows fest. Geplant waren zunächst 100 Wohnungen und ein Kulturhaus. Man begann mit diesem Vorhaben im ehemaligen »Wurschtwinkel«, der heutigen Erich-Weinert-Straße. Bis 1970 wurden viele Neubauten errichtet, die zwar einen Wohnungszuwachs brachten, aber auch eine gewisse Tristesse ins Stadtbild. Dazu zählen die Schulen wie der Neubau der Allgemeinen Berufsschule »J. R. Becher« in der Straße der Jugend und die 1968 errichtete »Bertolt-Brecht-Schule« sowie die Wohnblöcke an der Erich-Weinert-Straße, der Straße der Jugend und der Bertolt-Brecht-Straße. Am Stadtrand entstanden kleine Eigenheimsiedlungen wie die Handwerkersiedlung Seelow-Nord mit Linden-, Birken- und Ahornweg sowie Hanebutts Wassersiedlung.

Von besonderer Bedeutung für das Stadtbild und auch für das kulturelle Leben des gesamten Kreises war die Einweihung des Kreiskulturhauses im Mai 1957. Nur wenige Wochen später wurde auch das »Oderbruchstadion« fertig und feierlich übergeben.

Im vom Krieg noch immer schwer gezeichneten Stadtzentrum entstanden ein befestigter Parkplatz und das Kaufhaus, das in Verantwortung der Konsumgenossenschaft 1959 eröffnet wurde. Ein Jahr später wurde der VEB Gebäudewirtschaft gegründet, der von der Stadt einen Bestand von 382 Wohnungen übernahm. 1970 waren es bereits 570 und 1988 über 1.900 Wohnungen. Dazu kamen weitere staatliche Einrichtungen wie Schulen und Kindergärten.

Leider wurden aber auch viele Gebäude dem Verfall preisgegeben. Ungeklärte Eigentumsverhältnisse, Desinteresse und staatliche Anordnungen führten zum Verlust von Bauten wie dem Schweizerhaus mit seinen Anlagen oder der Turnhalle am alten Sportplatz, der nur das Dach fehlte. Das gleiche Schicksal ereilten das Schützenhaus und das Gesellschaftshaus in der Küstriner Straße.

Auch der Kirche wäre es ähnlich ergangen, wenn nicht engagierte Gemeindeglieder, unter tatkräftiger Anleitung ihres unerschrockenen Pfarrers Ringhandt, den Wiederaufbau des Kirchenschiffes vorangetrieben hätten. Auf den Turm mussten sie zunächst verzichten.

Mit dem Baugeschehen wuchs auch die Bevölkerungszahl der Stadt. Von 3.492 im Jahre 1950 stieg sie auf 4.677 im Jahre 1971. Seelow blieb aber eine von der Landwirtschaft geprägte Stadt mit einigen Handwerksbetrieben. Auch die anderen Betriebe, eine Konservenfabrik am Osteingang der Stadt, das Betonwerk und das Käsewerk am Bahnhof, waren alle auf die landwirtschaftliche Produktion im Umfeld Seelows zugeschnitten. Die Bauern und einstigen Ackerbürger hatten sich inzwischen teils freiwillig, teils unter massivem Druck zu Landwirtschaftlichen Produktionsgenossenschaften zusammengeschlossen.

Ende der 1950er Jahre entstanden auf die gleiche Weise Produktionsgenossenschaften des Handwerks (PGH). Zu ihnen gehörten die Dachdeckergenossenschaft »Aufbau«, die PGH »Form und Farbe«, die PGH »Holz» und die PGH »Technik«. Die privaten Handwerksbetriebe wurden in diese Genossenschaften integriert oder sie mussten aus verschiedenen Gründen schließen, ein von den Machthabern gewollter Nebeneffekt.
Mit dem Jahr 1970 wurde Seelow nach fast 200 Jahren wieder Garnisonstadt. Zwischen Seelow und Diedersdorf wurden im Wald Unterkünfte für ein Brückenbauregiment erbaut.

Der Festumzug zum 725-jährigen Stadtjubiläum im Sommer 1977

Weitere Plattenbauten entstehen 1975 im Seelower Stadtkern

Der Puschkinplatz im Jahr 1977

Die Gedenkstätte auf den Seelower Höhen im Jahr 2001 aus der Luft

1983 kam noch ein weiterer Truppenteil hinzu, das Hochbauregiment. Es entstand eine kleine Stadt für sich mit 120 Gebäuden, darunter ein Klubhaus, eine Küche, eine Sporthalle, ein eigenes Wasserwerk und ein Heizhaus. Dieser Standort der Nationalen Volksarmee wirkte sich positiv auf den Bau der Kaufhalle in der Straße der Jugend und einigen sozialen Einrichtungen in der Stadt aus, die sonst wohl nicht so schnell entstanden wären. Nach 1970 wurden für die Militärangehörigen außerdem acht Wohnblöcke in der Stadt mit ca. 360 Wohnungen gebaut. Darunter befanden sich auch die ersten 124 Wohnungen, die mit Fernwärme versorgt wurden.

Die Mehrheit der Bautruppe war selten in Seelow anzutreffen. Meist befanden sich die Soldaten auf irgendwelchen geheimen Baustellen, die zum Schutz der Regierung und für die Landesverteidigung errichtet wurden. Die Stadt Seelow und ihre Umgebung hatte von dieser militärischen Baueinheit den Vorteil, dass diese, im Rahmen der Ausbildung oder militärischer Übungen, Brücken und Betonstraßen im Oderbruch erbaute.

Der NVA-Standort bot vielen Seelowern einen Arbeitsplatz und den Betrieben der Umgebung ein reiches Betätigungsfeld.

Ansonsten muss man in der Entwicklung der Stadt seit 1970 von Stagnation sprechen. Die Ursachen lagen nicht in der Stadt selbst, sondern in der gesamten Entwicklung der DDR mit ihrer starren, zentralistischen Planwirtschaft. Bei der Zuteilung staatlicher Mittel ging Seelow oft leer aus oder wurde erst ganz zuletzt bedacht. Viele Mittel blieben in Berlin, so auch manche Versorgungsgüter, die in Seelow nicht zu bekommen waren. Also fuhr man in die Hauptstadt, um dort Dinge einzukaufen, die man in Seelow nur selten sah. Das Oderbruch als Gemüsegarten erzeugte seine Produkte vorrangig für die Versorgung Berlins. In Seelow blieb davon wenig hängen, und das auch erst, nachdem sich Unmut unter der Bevölkerung über die schlechte Versorgung geregt hatte.

Im Jahre 1977 wurde mit großem Aufwand das 725-jährige Stadtjubiläum gefeiert. Zu diesem Anlass entstand eine Festschrift, die über die damalige Situation in Seelow eine gute Vorstellung vermittelt. Im Vorwort heißt es u. a.: »Die Entwicklung unserer Stadt und ihrer Einwohner ist ein überzeugender Beweis, wie durch die Kraft der Werktätigen unter Führung der Arbeiterklasse und ihrer marxistisch-leninistischen Partei, der SED, der sozialistische Aufbau erfolgreich voranschreitet, wie unser aller Leben täglich reicher und schöner wird.« Doch viele Menschen waren auch in Seelow schon damals mit ihren Lebensverhältnissen unzufrieden. Nur zwölf Jahre später brach die wirtschaftlich marode DDR zusammen und löste sich innerhalb weniger Monate auf.

Im Süden der Stadt wurden weitere Wohnblöcke erbaut. Zwischen diesen und der Kleinbahnstrecke entstand eine kleine Eigenheimsiedlung aus einstöckigen Häusern, die genau wie die Wohnblöcke nicht in das Stadtbild passen.

Ende der 1970er/Anfang der 1980er Jahre entstanden die Wohnblöcke hinter dem Rathaus, wozu eine ganze Reihe dort stehender alter Häuser, bis auf die Gärtnerei Sprockhoff und die Gebäude der PGH »Ofensetzer und Fliesenleger«, abgerissen wurden.

Weitere Wohnblöcke errichtete man am Stadion und am westlichen Ausgang der Stadt gegenüber der Tankstelle. Ende der 1980er Jahre entstanden mit dem Frankfurter Tor und den Punkthäusern hinter dem Stadion an der Rennstrecke die letzten Häuser in der DDR-Zeit.

Kreiskulturhaus und saniertes Kirchviertel im Jahr 2001

Die Schinkelkirche erstrahlt inmitten des erneuerten Kirchviertels in alter Pracht, davor eine Plastik von Bildhauer Horst Engelhardt (Foto S. 95)

Restaurierte und neue Häuser im Kirchviertel und in der Breiten Straße

Der Bahnhof hat sein äußeres Erscheinungsbild aus dem Jahr 1876 bewahren können

Der oft als »Wende« bezeichnete, Zusammenbruch der DDR setzte im Herbst 1989 auch in Seelow ein. Bürger protestierten gegen die vielen Unzulänglichkeiten, fassten Mut, ihre Kritik öffentlich zu äußern. Neben dem großen Stadtbrand von 1788, der Städtereform zu Beginn des 19. Jahrhunderts und dem verheerenden Ende des Zweiten Weltkrieges stellt diese Zeit die vierte große Zäsur in der Stadtgeschichte Seelows dar. Mit dem folgenden Umbau der Wirtschaft wurden Seelower Betriebe umgewandelt, privatisiert oder »abgewickelt« bzw. geschlossen. Für viele ehemalige Mitarbeiter in diesen Betrieben begann der Weg in die Arbeitslosigkeit. In der strukturschwachen Seelower Region stiegen die Arbeitslosenzahlen natürlich besonders hoch an. Manche versuchten einen Neuanfang in der Selbstständigkeit, doch bald regelte die Nachfrage den Bedarf. Andere verließen ihre Heimat und versuchten ihr Glück in der Fremde. Die Einwohnerzahl ging dadurch spürbar um einige hundert zurück.

Im Norden der Stadt wurde ein Gewerbegebiet angelegt, um günstige Rahmenbedingungen für Firmenansiedlungen zu schaffen. Nach einer schwierigen Anfangszeit sind inzwischen einige Firmen hier ansässig geworden.

Im Stadtzentrum wurden etliche Häuser, wie die Apotheke oder der »Schwarze Adler«, saniert. Die Ecke Küstriner/Frankfurter Straße wurde mit einem neuen Wohn- und Geschäftshaus bebaut und damit eine seit 1945 bestehende Baulücke geschlossen.

Das 1999/2000 sanierte und erweiterte Rathaus

Um das Weiterbestehen der Gedenkstätte auf den Seelower Höhen, die einst vorrangig zu Propagandazwecken errichtet wurde, gab es viele Diskussionen. Es wurde entschieden, die Gedenkstätte nach Überarbeitung der Ausstellungen weiterzuführen. Jetzt wird nicht mehr ausschließlich der Sieg der Roten Armee verherrlicht, sondern es findet eine realistische und ausgewogene Darstellung der Kriegsereignisse im Frühjahr 1945 statt.

Ein besonderer Termin ist in jedem Jahr der 17. April, an dem die einstigen Verteidiger Seelows vom 76. Panzergrenadierregiment hier ihrer gefallenen Kameraden gedenken.

Regelmäßig kommt es auch zu Begegnungen mit russischen Kriegsveteranen, die aus dem gleichen Grund nach Seelow kommen.

Im Zuge der Kreisreform wurden Ende 1993 die ehemaligen Kreise Bad Freienwalde, Strausberg und Seelow zum Kreis Märkisch-Oderland zusammengelegt. Einen erbitterten Kampf gab es um die Bestimmung der neuen Kreisstadt. Mit denkbar knappem Vorsprung fiel die Wahl auf Seelow, ein für die künftige Stadtentwicklung sehr wichtiges Ergebnis. Damit blieb auch das Landratsamt, das sich schon seit 130 Jahren hier befindet, in der Stadt und ist heute sogar der größte Arbeitgeber.

In den 1990er Jahren fand in Seelow ein äußerst lebhaftes Baugeschehen statt. Neben vielen Einfamilienhäusern und den Geschäftshäusern am Markt entstand auf der grünen Wiese im Westen der Stadt ein großes Einkaufszentrum mit Supermarkt, Baumarkt u. a. Einkaufsmöglichkeiten. Zu den neuen Gebäuden gehört auch das Hotel »Brandenburger Hof«.

1997/98 ist, dank großzügiger Spende des in Seelow geborenen Versandhausunternehmers Dr. Werner Otto, der Kirchturm wieder aufgebaut worden. Er ist für das Stadtbild in seiner dominierenden Stellung von großer Bedeutung. Außerdem schallt seit 1998, nach über 50 Jahren, wieder Glockenklang über die Dächer von Seelow. Auch für die inzwischen abge-

Das neue Seniorenzentrum an der Straße der Jugend

schlossene Erneuerung des Kirchenschiffes hat sich Herr Otto mit namhaften Spenden engagiert.

Das Stadtcafé am Markt wurde abgerissen. An seiner Stelle wurde ein neues Gebäude errichtet, das in seinen äußeren Formen dem Rathaus angenähert ist, das bis 1945 hier stand.

Die Ecke Berliner/Wriezener Straße wurde mit einem Wohn- und Geschäftshaus neu bebaut.

Mit dem Neubau der Sparkassenfiliale in der Küstriner Straße und dem Um- und Anbau des heutigen Rathauses wurde die in den letzten zehn Jahren erfolgte Umgestaltung des gesamten Marktes und seiner Umgebung im Wesentlichen beendet. Zuletzt kam noch der Erweiterungsbau der Kreisverwaltung hinzu. Auch das Kirchviertel wurde einer Verjüngungskur unterzogen. Hier entstand ein neues Redaktionsgebäude der Märkischen Oderzeitung auf dem Platz der alten Zeitungsdruckerei, wurde die alte Polizeiwache zum Domizil für das Christliche Jugenddorf umgestaltet, der Busbahnhof umgebaut und ein Lebensmittelmarkt errichtet.

Die Seelower Wohnungsbaugesellschaft hat mit Hilfe staatlicher Förderprogramme ihren gesamten Wohnungsbestand modernisiert und den einstmals grau und eintönig wirkenden Wohnblocks aus der DDR-Zeit ein freundlicheres Aussehen gegeben. Auf diese Weise sind attraktive Wohnungen entstanden und nicht ohne berechtigten Stolz wird auf den nur geringfügigen Leerstand von 5 % verwiesen. Anderswo müssen wegen sehr viel höherer Leerstandsquoten solche Häuser abgerissen werden.

In nur zwölf Jahren ist es gelungen, das einst triste Stadtbild wesentlich freundlicher zu gestalten. Überall stehen neue Häuser oder es erstrahlen die alten in neuem Glanz. Obwohl Seelow in einer der wirtschaftlich schwächsten Regionen Brandenburgs liegt, wurde ein Großteil der Straßen und fast jedes zweite Haus neu erbaut oder von Grund auf erneuert.

Seelow, die freundliche Kreisstadt von Südosten im Jahr 2001

In der Gegenwart hat Seelow 5.423 Einwohner. Diese Zahl wird sich ändern, wenn im Zuge der Gemeindestrukturreform Eingemeindungen erfolgen sollten. Auf diese Entwicklung darf man gespannt sein, ebenso auf die Auswirkungen der Verkehrsumleitung über die geplanten Umgehungsstraßen der B 1 und der B 167.

Das letzte Stadtjubiläum feierte man in Seelow im Sommer 1977. Niemand konnte damals ahnen, welche Veränderungen nur 12 Jahre später in Gang gesetzt werden würden. Wenn in 25 Jahren das nächste runde Ortsjubiläum ansteht, werden wir sehen, was dann aus dem alten Ackerbürgerstädtchen geworden ist. Mit Sicherheit wird der Chronist im Jahre 2027 im Rückblick auf diese Zeit, die für Seelow eine glückliche werden möge, wieder viel zu berichten haben.

Einer der vier von Horst Engelhardt geschaffenen Ortseingangssteine aus dem Jahr 1988

Seelow
12 52

Benutzte und weiterführende Literatur

Bratring, F. W. A.:
Die Stadt Seelow. In: Statistisch-topographische Beschreibung der gesamten Mark Brandenburg. Zweiter Band, Berlin 1805, S. 294 ff.

Berghaus, H.:
Seelow. In: Landbuch der Mark Brandenburg. Dritter Band, Brandenburg 1856, S. 207 ff.

Karstedt, A. F.:
Beiträge zu einer Chronik der Stadt Seelow. Seelow 1878

Wegener, W. A.:
Die Kreisstadt Seelow. In: Der Bär. Illustrierte Wochenschrift für die Geschichte Berlins und der Mark 28 (13. Juli 1895), S. 332 ff.

Jung, W.; Solger, F.; Spatz, W. (Bearb.):
Die Kunstdenkmäler der Provinz Brandenburg, hg. vom Brandenburgischen Provinzialverband, Bd. VI, Teil 1: Die Kunstdenkmäler des Kreises Lebus, Berlin 1909, S. 259 ff.

Götze, A. (Bearb.):
Die vor- und frühgeschichtlichen Denkmäler des Kreises Lebus. Beiheft zu: Die Kunstdenkmäler der Provinz Brandenburg, Band VI, Teil 1. Berlin 1920

Mirow, G.:
Die Wappen und Siegel der Städte im Kreise Lebus. In: Mitteilungen des Vereins für Heimatkunde des Kreises Lebus in Müncheberg. II. Heft 1912, S. 21 ff.

Arndt, Th.:
Seelow. Ein Städtebild. In: Kreis-Kalender des Kreises Lebus, 7. 1914, S. 46 ff.

Keyser, E. (Hg.):
Deutsches Städtebuch. Handbuch städtischer Geschichte. Band I.: Nordostdeutschland. Stuttgart-Berlin 1939, S. 638 f.

Unsere Heimat.
Schrift zur Förderung der heimatkundlichen Forschung und Bildung im Kreis Seelow. 1. Jahrgang, Seelow 1966, Heft 1

Griesa, S.:
Ein Gräberfeld der Göritzer Kultur bei Seelow. In: Ausgrabungen und Funde. 14. 1969, S. 130 ff.

725 Jahre Seelow.
Aus der Chronik einer kleinen Stadt. Seelow 1977

Griesa, S.:
Die Göritzer Gruppe. Berlin 1982 (= Veröffentlichungen des Museums für Ur- und Frühgeschichte Potsdam, Band 16)

Rohrlach, P. P. (Bearb.):
Historisches Ortslexikon für Brandenburg. Teil VII: Lebus.
Weimar 1983 (= Veröffentlichungen des Staatsarchivs Potsdam, Band 18), S. 394 ff.

Schimmel, M.:
Seelow vor 50 Jahren – Gebäude, die im heutigen Stadtbild fehlen. In: Heimatkalender Kreis Seelow 6. 1991, S. 17 ff.

Vetter, K.:
Der große Brand in Seelow im Jahre 1788. In: Heimatkalender Kreis Seelow 7. 1992, S. 17 ff.

Lakowski, R.:
Seelow 1945. Die Entscheidungsschlacht an der Oder. Berlin 1994

Willich, C.:
Die Ortsnamen des Landes Lebus. Weimar 1994 (= Brandenburgisches Namenbuch 8; Berliner Beiträge zur Namenforschung 9)

Meyer, L.; Regling, H.:
Die Oderbruchbahn. Zur Geschichte einer Kleinbahn in der Mark Brandenburg. Berlin 1995

Vetter, K.:
Zwischen Dorf und Stadt – Die Mediatstädte des kurmärkischen Kreises Lebus. Verfassung, Wirtschaft und Sozialstruktur im 17. und 18. Jahrhundert. Weimar 1996 (= Veröffentlichungen des brandenburgischen Landeshauptarchivs, Band 33)

Schimmel, M.:
Vor 55 Jahren wurden die jüdischen Familien der Stadt Seelow deportiert. In: Jahrbuch des Landkreises Märkisch-Oderland 4. 1997, S. 55 f.

Vetter, K.:
Wie das Lebuser Landratsamt nach Seelow kam. In: Jahrbuch des Landkreises Märkisch-Oderland 4. 1997, S. 39 f.

Schimmel, M.; Schmook, R.:
Seelow in der Mark. Geschichte einer märkischen Kleinstadt. Neuenhagen 1998

Kühne, R.:
53 Jahre nach dem Ende des 2. Weltkrieges wurde der Kirchturm in Seelow wieder aufgebaut. In: Jahrbuch des Landkreises Märkisch-Oderland 6. 1999, S. 24 ff.

Schimmel, M.:
Die Entwicklung der Eisenbahn in Seelow. In: Jahrbuch des Landkreises Märkisch-Oderland 6. 1999, S. 28 ff.

Engel, E.; Enders, L.; Heinrich, G.; Schich, W. (Hg.):
Städtebuch Brandenburg und Berlin, Stuttgart/Berlin/Köln 2000, S. 471 ff.

Vetter, K.:
Die landesherrliche Mediatstadt Seelow von der Mitte des 16. Jahrhunderts bis 1808. In: Jahrbuch des Landkreises Märkisch-Oderland 9. 2002, S. 8 ff.

Schimmel, M.:
Die Ortsgeschichte der Gemeinde Zernickow. In: Kreisjahrbuch des Landkreises Märkisch-Oderland 9. 2002, S. 71 ff.

Bildnachweis

H. Drewing – Seiten 9; 15; 31; 49; 73; 91; 94 (2x); 95; 96 (2x); 97; 99; 101; 103

M. Prust – Seiten 2; 106

Stadtverwaltung Seelow – Seiten 6; 14 (3x); 80; 86 (2x); 87 (3x); 90 (3x); 91; 111

Brandenburgisches Landeshauptarchiv Potsdam – Seite 13

Pfarramt Seelow – Seite 37

Teichmann, H.: Von Lebus nach Fürstenwalde. Leipzig 1991 – Seite 11 (2x)

Mitteilungen des Vereins für Heimatkunde II. Heft 1912 – Seiten 12 (2x); 13 (2x)

Griesa, S.: Die Göritzer Gruppe. Berlin 1982 – Seite 23

Götze, A.: Die vor- und frühgeschichtlichen Denkmäler des Kreises Lebus – Seite 26

Kunstdenkmäler Lebus – Seite 30

725 Jahre Seelow – Seite 35

Heimat-Kalender Kreis Lebus 1939 – Seite 70 (2x)

Theo von Brockhusen (1882–1919).
Ein Maler zwischen Impressionismus und Expressionismus. Regensburg 1999 – Seite 71

Sammlung Porath – Seiten 23 (2x); 24 (2x); 25; 27

Sammlung Schmook – Seiten 13; 33; 36; 43 (2x); 47; 76 (2x); 77

Sammlung Schimmel – Seiten 53; 55; 57; 60 (2x); 61 (2x); 62 (3x); 63 (2x); 64 (3x); 65; 66 (3x), 67 (3x) 76; 77 (2x), 80 (2x); 81 (3x); 86

Legende Stadtplan Seelow

für die 750 Jahrfeier vom 28. bis 30.06.2002

Umleitung	Sparkasse
Festumzug	Volksbank
Sperrung	Kirche
Besucherparkplatz	Post
Org-Büro (Rathaus)	Adler Apotheke
Touristinfo (Fundbüro)	Alte Dampfbäckerei
Jubiläumsbühne	Bibliothek
Kinderbühne	Tennisplatz
Krankenhaus Lutherstift	Handwerkermarkt
Sanitätszelt	Kinderflohmarkt

750 JAHRE SEELOW
1252 - 2002
N
Robert-Koch-Str.
Im Grund
Ahorn-
Humboldtstr.
Ernst-
Holunder-
weg
Am Spring
straße
Seelower
Gewerbe-
gebiet-
Nord
Besucher
Mühlen-
Moerser Str.
Weg
Pappelweg
Birkenweg
Lindenweg
Flieder-
weg
Fichtenweg
Robert-Koch-Str
Thälmann-
Straße
Bahnhof Seelow
Am Bahnhof
Schwarzer Weg
Straße
Gedenkstätte auf den Seelower Höhen
An der Wenderstelle
Feuerwehr
Müncheberger
Feldstr.
Gartenweg
Garten-
Weiden-
weg
Rathaus
Küstriner
Am Stadion
Förderschule
Techn. Hilfswerk
Friedhof
Feldstraße
Roßstr.
Mittelstr.
Stadion
Grund-
schule
Höhen
Am Kulturhaus
Puschkinpl.
Kl. Mühlenstr.
Straße
Kulturhaus
Oberstufen-
zentrum
Breite
Polizei
Busbhf.
Berliner
Weg
Straße
der
Jugend
Festwiese Am Sender
Christ. Jugenddorf
Senioren-
zentrum
Weinert-
Bertolt-
Brecht-
Straße
Gesamt-
schule
Hotel
Frankfurter
Gymnasium
Tank stelle
Hinter-
Walnußweg
Slubicer
Aprikosenweg
Industriegebiet
Tier-
park
Apfelstraße
Kurze Str.
Bergstr.
Rosenstr.
Bergstraße
Kirschweg
Birnenstraße
Alte Siedlung
Pfirsichstraße
Mirabellenweg
Diedersdorfer
Kleinbahnhof
Haselnußweg
Tank-
stelle

Impressum

Buch- und Zeitschriftenverlag
Prust & Bärisch
Finkensteg 2
15366 Neuenhagen
Fon: 0 33 42/ 20 11 02
Fax.: 0 33 42 / 2 18 59
www.findling-verlag.de
info@findling-verlag.de

Herausgeber:
Stadtverwaltung Seelow

Autoren:
Dr. med.-vet. Gerhard Porath, Genschmar
Prof. Dr. phil. habil. Klaus Vetter, Podelzig
Dr. phil. Reinhard Schmook, Bad Freienwalde
Dipl.-Ing. Michael Schimmel, Berlin

Redaktion:
Dr. Reinhard Schmook

Gesamtgestaltung:
Prust & Bärisch

ISBN 3-933603-18-8

Wir bedanken uns bei all jenen, die zum Gelingen dieses Bandes beitrugen.
Unser besonderer Dank gilt dem Christlichen Jugenddorf und dem Arbeitsamt Seelow, die dieses Projekt förderten.